全民相对论 ①

凤凰视频原创部

编著

中国言实出版社

图书在版编目（ＣＩＰ）数据

全民相对论．1 / 凤凰视频原创部编著．-- 北京：
中国言实出版社，2015.12
ISBN 978-7-5171-1543-4

Ⅰ．①全… Ⅱ．①凤… Ⅲ．①时事评论－中国 Ⅳ．
① D609.9

中国版本图书馆 CIP 数据核字（2015）第 224603 号

责任编辑：史会美

出版发行 中国言实出版社
　　　　　　地　　址：北京市朝阳区北苑路 180 号加利大厦 5 号楼 105 室
　　　　　　邮　　编：100101
　　　　　　编辑部：北京市西城区百万庄大街甲 16 号五层
　　　　　　邮　　编：100037
　　　　　　电　　话：64924853（总编室）64924716（发行部）
　　　　　　网　　址：www.zgyscbs.cn
　　　　　　E-mail：zgyscbs@263.net
经　销 新华书店
印　刷 重庆市白合印刷厂印刷
版　次 2015 年 12 月第 1 版　 2015 年 12 月第 1 次印刷
规　格 890 毫米 ×1240 毫米　1/32　9.125 印张
字　数 218 千字
定　价 35.00 元　 ISBN 978-7-5171-1543-4

目录 c o n t e n t s

1

第三章　社会伦理

序：网络打开一个新的可能

闾丘露薇

我并不是《全民相对论》的唯一主持，准确地说，我是最迟的一位，当然不希望，我是最后一位。

我已在美国，身份已经从媒体人转变成为一个全职学生，但是我确定的知道，如果以后，还有机会，能够继续主持这档节目的话，我会毫不犹豫地飞到北京。因为对于像我这样一个有了二十年电视经验的媒体人来说，更能够深刻地体会到，网络给公共议题的讨论，给公共讨论的传播，曾经带来的新的可能。

从电视直播间，到网络节目的录制现场，我惊讶于网络节目的制作水准，一点也不比电视节目低。录制一个带有现场观众的节目，是很多电视节目主持人以及节目制作团队所期待做的事情，所以对我个人来说，凤凰网为我提供了一个实现梦想的机会。

说到现场观众，在这里要感谢我的那些微博粉丝，他们有的甚至特地从外地来到北京，来参加节目的录制。一个好的有现场观众的节目，关键在于现场观众的参与，每次录制，听到大家从不同角度表达观点，总是会有让人精神为之一振的瞬间。

当然还要感谢那么多愿意来参与录制节目的嘉宾。这里一定要提的当然是每期节目的编导，他们从全国各地请来嘉宾、相关事件的当事人。有些时候，嘉宾已经跨越了国境，而因为依靠技术，才让世界各地的声音和视频出现在节目现场。

和电视相比，我喜欢网络节目的一个最重要的原因，那就是可以讨论的话题的多元和深入。两会紧贴的热门话题，网络上热议的事件，急需要推动的公共政策，在过去这些年，很骄傲，在这档节目里面，都没有缺席。我想，很多媒体人都会有和我一样的感受，那就是每当有关系到公共知情权和公共利益的事件或者议题出现的时候，没有缺席，那已经让自己对自己的职业表现有了相当的成就感。而这一点，要继续感谢凤凰网那些年轻的同事们，还有那些愿意在节目上表达和分享的嘉宾们。

　　如果说遗憾，第一，节目时间的关系，现场一个多两个小时的讨论，到最后，只能呈现三十分钟，很多嘉宾和观众精彩的发言，最后不得不忍痛割舍。一些观众批评讨论不够深入，确实也很无奈，不过可以聊以安慰的是，因为科技的关系，在录制的同时常常通过网络直播，虽然看到的人不算多，但是总归有人看到了。

　　严肃的网络节目，在当下这个时代注定不会有点击，而时政民生类节目因为缺乏点击率，加上不确定性，又很难获得广告商的垂青。也因为这样，我想我和我曾经的同事们，要感谢凤凰网愿意坚持在这样的环境下，让这个节目持续了好几年，因为大家都相信，如果觉得自己是负责任的媒体，那就必须要坚持去做一些事情。

我不知道这个节目是不是还会继续下去，或者即便不再存在，总会有一天，有其他的栏目出现，继续做着同样的事情，只要还有坚持这种想法的媒体人的存在。

　　至少，现在有这样一本书，记录了在过去这些年，大家讨论过的，希望给中国社会带来改变的很多议题。当中有一些涉及公共政策的，已经进入到立法的层面，而其他的，当我们的节目在讨论的时候，似乎走得有点超前，但是几年之后，却变成了一个普遍的公共议题。从这一点来说，身为曾经的媒体人，真的为这个行业的存在，感到骄傲。

第一章 法治档案

1. 谁动了我的婚姻？

□ 2011 年 9 月 18 日

男大当婚，女大当嫁，结婚率下不来，该结婚的还是要去结婚。

扫一扫 看本期节目视频

    内容提示："谁首付，离婚后房子就归谁"，"婚后父母给买的房子，另一方无权分割"。最高人民法院关于婚姻法的最新司法解释一公布，人们对它的类似归纳立即引发了网络上的口水仗，不少网友认为：新解释乐了开发商，苦了丈母娘。今后，女儿不再是招商银行，女方的父母也得为女儿买房了。更有网友认为，新婚姻法的司法解释是男人的福音，保护了在婚姻中处于强势的一方，损害了弱势的利益。婚姻会因新解释更不稳定吗？婚姻中配偶权利能得到充分保护吗？房本加名你敢提吗？

本期主持人：

高潮东   电视节目主持人，非科班出身，幽默风趣，善于调侃，不虚伪造作，有强烈的社会责任感，人称"百姓代言人"。

本期嘉宾：

李明舜   中国法学会婚姻家庭法学研究会副会长秘书长

陈　旭　资深律师
陈剑峰　情感作家，北京律师协会婚姻家庭法专业委员会委员
陈　彤　电视剧《说好不分手》、《马文的战争》、《新结婚时代》编剧
赵格羽　畅销书作家，编剧，"索斯比女人"、"水立方女人"概
　　　　念创始人

嘉宾选择：
红方：新婚姻法伤害了丈母娘
　　　　赵格羽
蓝方：新婚姻法没有伤害丈母娘
　　　　陈旭、陈剑峰
白方：中立
　　　　李明舜、陈彤

高潮东：现在之所以有这么多的争论，是因为《婚姻法》的新解释与我们传统的观念背道而驰。是不是我们这些人觉悟不高，对新婚姻法认识不透呢？于是，就有一些网友戏谑说：新婚姻法乐坏了开发商，愁坏了丈母娘。你们认为伤得到丈母娘吗？

红方观众A：能。两个人好还行，要是情感出现差错了，财产分割上女方肯定就得吃亏。

红方观众B：我还不是丈母娘，我们家是闺女。如果感情出现问题离婚了，闺女等于什么都没有，她要是没有工作，最后不还是归丈母娘管吗？

高潮东：您是准老丈人还是？

红方观众C：我是有两个女儿的老丈人。

高潮东：那您觉得它会伤了丈母娘吗？

红方观众C：那是肯定的，伤丈母娘就是等于伤我啊。

《谁动了我的婚姻》节目视频

　　蓝方观众 D：我觉得新婚姻法鼓励了女孩子的独立自主性，可以纠正一下人们的婚姻观念。

　　陈旭：肯定不伤嘛。我驳斥一下刚才这位准丈母娘的观点，有朝一日小两口闹婚变闺女会吃亏，但如果这房子是您买的呢？

　　红方观众 E：传统观念都是男方准备。

　　陈旭：谁说的，我家女儿的房子就是我准备的，我觉得法律挺好。

　　赵格羽：但是陈旭老师，你知道吗？现在中国应该是超过一半以上的都是男方父母先买房的。以前丈母娘可能陪个嫁妆什么的，但是现在担心自己的女儿受欺负，怕有一天没有房子住大街了，她逼于这种压力得去买房。

　　高潮东：陈旭律师，您当年结婚的时候有房子？

　　陈旭：我们哪有房，我们那个年代当然都裸婚。我 1987 年结的婚，当时我住办公室，我老婆住集体宿舍，一直分居呀。到了怀孕以后实在没办法，可能我们这个岁数的人都知道，单位不分房，老婆怀孕了怎么办，就抢办公室。最后才分了个筒子楼的单间房，我们都这么过来的。

高潮东：难怪你坐着说话腰不疼。

蓝方观众F：支持陈旭老师的观点，因为我觉得家法永远大于国法，道德是大于法律的，这是第一。第二，法律的出现永远是滞后于整个社会现象的，是先有社会现象，再有相对应的法律出现。如果您的孩子被绑匪绑在18层楼顶上，中间放一条50米木板，让你用100万的现金去换你的孩子，我相信每一位有孩子的父母都会愿意去。但是如果在两栋楼之间，放一个50米的木板，你走过去就会得到100万现金，我相信谁都不会去。换句话讲，情感的力量大于法律的力量，情感的力量大于利益的力量。所以说在情感面前，我为认为法律是滞后的。所以，新婚姻法对任何一方都不应该造成伤害。

高潮东：您是学什么的？

蓝方观众F：我是清华大学的教授。

高潮东：我说的呢。

陈旭：你看，有条有理。

李明舜：刚才这位教授讲了，婚姻法应该是不伤害任何感情的，他讲的是应该。但是，在我看来，它伤害的不仅是丈母娘，还有婚姻。

陈旭：我不同意李老师说的伤害了婚姻，这个司法解释三是婚姻法的组成部分而已。就婚姻法正文解释一、解释二、解释三来讲，贯彻了男女平等、保护妇女儿童权益的法律原则。

李明舜：法律的逻辑并不是生活的逻辑，这种中立的法律在一个不平等的社会环境下，在男婚女嫁的这个中国的社会传统里，它就是这样一个现实，一个看似中立公平的法律，落实到现实生活当中，它就变成了对弱势群体一方的伤害。

陈旭：我一定要强调一点，这个财产本来就不是女方的。如果缔结婚姻过程中白头到老，十年、二十年经营下去也有共同财产，这个共同财产分割的权利双方是平等的。

陈彤：实际上我是保持中立的，但是我觉得刚才蓝方太过分了，我有点义愤填膺。我觉得新婚姻法只是保护了资本中的财产，没有保护感情投入。什么叫感情投入？这个男人和女人的婚姻，相当于做酒，女人出米，男人出水，做完酒以后，男人说咱们分家吧，你把米拿走，我把水拿走，但是那个米经过岁月以后已经变成了糟糠，这个就是新婚姻法。

陈旭：这就是作家的想象力。

陈剑峰：如果说在弱势群体也就是女方离婚的时候，男方要在住房上提供适当的补助，那么住房就包括居住权或是所有权，所以不是净身出户。

陈彤：我明白你说的那个意思，这个适当就要看法官的自由裁量权，看这个法官今天高兴不高兴了。如果高兴，就适当允许你在男的这儿住两年，不高兴您就净身出户，就是这样的意思。

高潮东：咱们也别虚着谈，现在有真实的案件已经发生了，在南京。

资料： 婚姻法司法解释三实行以来，南京出现了施用该解释的首例案件，案件的女主角朱女士，丈夫在婚前两次出轨，且婚外育有一子，已经有一个女儿的朱女士提出离婚。根据"司法解释二"第二十二条，当事人结婚后，父母为双方购置房产出资的，被视为对夫妻双方的赠予。离婚后，朱女士可能分得一半的房产。但在此案一审判决前，婚姻法司法解释三出台了，新解释第七条规定，婚后由一方父母出资为子女购买的不动产，视为只对自己子女一方的赠予。依据新司法解释，朱女士不但分不到房，还可能面临净身出户的危险。

高潮东：你看，我们担心的事情在现实生活中发生了。李教授，您觉得按照婚姻法的新解释，朱女士真的会净身出户吗？

李明舜：我觉得要结合着司法解释来看，根据具体的情况来处理。

陈旭：我来补充李教授的这个话，假如按新的司法解释规定，这个房子判给男方的话，男方对于他的出轨行为给女方造成的伤害要进行补偿。

陈彤：对，法律就是酌情，各个地方判得完全不一样。我们现在的婚姻法当中，只保护了个人财产，但是却没有对违约责任进行明确，只是用了一些很模糊的术语。

高潮东：没有量化，很难操作，空间过大，是吗？

陈彤：对。

陈旭："酌情"实际上完全是陈彤老师自己加的词，婚姻法没有这词，你问问李教授。

李明舜：虽然没这个词，但是有这个意思。

高潮东：这不结了嘛。有网友认为，婚姻法应该保护的是婚姻而不是财产。当一切都被物质化，引来更多的费尽心机，如果不是因为爱情，那真的没有理由在一起了。陈律师，你认为会出现恐婚吗？

陈旭：不会。您放心，男大当婚，女大当嫁，结婚率下不来，该结婚的还是要去结婚。

陈剑峰：我赞成陈旭老师刚才说的，不会影响结婚率。离婚率相对来说也不会增高，反而会降低，因为女方也不能轻易去离婚了，可能没房子了。

陈彤：那你的意思就是说，女人会为了一套房子然后忍辱负

超过一半以上的都是男方

激烈的辩论（左：陈旭，右：陈彤）

重一辈子？

　　陈旭：不，陈剑峰律师的意思是说，有了这条规定以后就得三思了，不会因为小事动不动就离。

　　陈彤：这个时候男人会说你走吧，你走了就好了，然后这些东西都归我了，我可以换人了，对不对呀？一样的呀，还是女方节节败退。

　　陈旭：小年轻不会这么说话的，刚结婚不久的小年轻就找妈去了。

　　高潮东：教授说一句。

　　现场观众F：用法律来探讨解释感情的问题，就如同用科学来解释宗教的问题一样，是很难说清楚的。科学是解释已知世界的，而宗教是解释未知世界的，所以我觉得您说得非常对，这个问题不必有结论。

　　赵格羽：我来补充一下吧。我觉得恐婚族肯定会越来越多，不婚族也会越来越多。很多年轻人宁愿主动剩下，也不愿意结婚。

蓝方观众G：这是社会的进步，我觉得十年以后法律的走向一定是这个，为什么呢？因为中国人这么多年来没有人去分析婚姻解体会有什么样的情况，把它看得太神圣，把它看成一个整体，一旦出现问题大家怎么解决，坐在一块吵吗？

陈旭：我觉得你可能不太懂得女人。

高潮东：你是单身吗？

蓝方观众G：我已经有孩子了。

高潮东：他还是懂女人。

蓝方观众G：我想说的是伤害了一部分，直接伤害，这是没有办法的，因为国家太大，人口太多。

陈彤：国家太大伤害你行吗？伤害和国家大没有因果关系。

陈旭：有很多的办法，女孩子多动动脑筋，这些问题是有办法解决的，法律不反对你约定嘛。

陈彤：那么为什么法律不能够规定夫妻的财产是双方共同分

《谁动了我的婚姻》节目视频

配，然后法律也没有规定男方可以事先约定。

陈剑峰：法律就这么规定：夫妻财产共同分配，不仅仅是净身出户，什么都拿不到。

陈彤：是这样的，就是说你这个房子，增值部分怎么算呀？增值一百万怎么评估呢？

陈旭：100万的房子，首付30万，还了70万，到离婚有还清的情况下，一人一半35万要补给对方。35万在总共买房的比例当中占了35%，假如说这个房子增值200万，200万的35%是70万，所以这个女的在增值部分能够拿到相对应的应该是70万。加上原来的35万，105万，李老师，我这账算得对不对？

陈彤：法官是你吗？法官不这么算，他不这么判呀。

李明舜：关键他们讲了，第二款是合理的，我觉得恰恰就这个第二款有问题。它问题在哪儿呢？一个说我协商不成，然后就归了那一方了，如果说我协商可以给你，我不协商就是我的，谁给你协商去呢？这是一个问题。第二个问题，增值这部分也要平分，关键是被判获得房子的那一方的优势是实实在在的，现实生活中，大家都是居家过日子，你们谁家说有了一个房子，还有几百万的存款，往往都是这个房子说判给你了，你应该补给她一百万，但是你拿不出来，这个东西是不是虚的？

高潮东：没地儿找去。的确，这个婚姻本来就充满了不确定性。接下来我们要讨论的这个话题相对有点刺激，我们要谈一谈第三者。在《婚姻法》的征求意见稿当中，有这样的一条规定，但是后来《婚姻法》的新解释出台之后，把它给删除了，我们来还原一下：司法解释三征求意见稿中，有关第三者的条款被删除，即有配偶者与他人同居未解除同居关系，约定财产性补充，一方要求支付补偿，或支付补偿后，反悔主张返回的，法院不予支持。你们认为这样的举措，它是不是真正保护了妻子的权利？

第二次选择：

红方：保护了妻子的权利

陈旭、陈剑峰、陈彤

蓝方：没有保护妻子的权利

赵格羽

白方：中立

李明舜

李明舜：我觉得这条规定实际上是一把双刃剑。如果这条规定真的保留下来了，这里头就隐含着一个问题：有配偶者与他人同居，约定了财产性补偿的，给了的不能要回来，意味着什么呢？意味着它这个约定是有效的。

赵格羽：我说得比较直白一点。作为丈夫，他有第三者了，那可能他在出轨过程中给小三的钱是没有证据的，作为妻子怎么去要回来，所以这个法律肯定该删，因为它不具有执行性，就是站着说话不腰疼。

陈旭：如果这个条款得以保留的话，夫妻共同财产认定过程中把它认为是共同共有，既然是共同共有，你拿出一分钱都不行，所以在不成熟的情况下，把它删除我也赞成。但如果实行，我认为利大于弊，是保护妻子合法权益的。

赵格羽：这条法律被删掉肯定是应该的，因为它关注到了第三者，肯定会导致整个第三者的范围越来越大，说明这个群体会越来越大。

高潮东：教授在点头，您为什么要点头呢？

现场观众F：我觉得这个观点就好像我们在征收房产税一样，我们要不要向小产权房征房产税呢？如果不向小产权房征房产税的话，因为房产税的开征，小产权房势必要价格上扬；如果向小产权房开征房产税的话，小产权房价格也会上扬。所以格羽女士说的是非常正确的。

高潮东：你们知道是谁建议把这条给删了的？

陈旭：不会是我们的李老师吧？

高潮东：就是李老师。

李明舜：这个是在全国妇联的专家研讨会上，对征求意见稿进行讨论的时候，很多专家都认为这一条作为一把双刃剑，可能会有负面影响，因此建议删掉。

高潮东：您是其中之一。《婚姻法》的新解释出台之后，实际上它产生了一系列的影响，现在有这么一个现象出现了，原来家里面的房本上，可能就是一个人的名字，后来很多人都愿意把自己的名字加上。教授，如果这事儿碰到您，您说句实在话。

现场观众F：这个事就是一个分烙饼的原理，家里有哥俩，

《谁动了我的婚姻》节目视频

两个烙饼，妈妈把烙饼切开分给两个儿子，不管怎么切，一定会有人觉得多，有人觉得少，所以妈妈用了一个很好的办法，就是哥哥来切，弟弟先挑。就相当于夫妻双方把名字共同写到房本上一样。它实际上，像徐老师讲的，是对弱势群体的一种保护。

红方观众 H：我觉得它保护的是强者。不管是男方或者女方买房，它都是保护的强者，没有保护弱者，对吧？

高潮东：不知道大家听明白没有，这位女士处在一个绝对弱势的情况下，就不敢跟人家提。我们假设在家里边，房本是老公的名字，一个受气的媳妇敢提出来加名字吗？

陈旭：绝对不敢提，老公会说你敢跟我谈条件，你走吧。所以刚才那位大姐说得对，我是强势，你不敢跟我提这个要求。

高潮东：对。换过来也是一样，如果这个男士他受气，他也不敢跟他的爱人提。

陈旭：是这样的。我觉得女人要求在房产证上加上自己的名字，一定要先知道自己几斤几两，也就是你跟对方的感情基础牢不牢，感情好不好，如果感情好没问题，如果本身感情就很微妙，可能才刚刚结婚，你就说要加名，那男性就会想你是不是在做一些撤退的打算，感情会出现问题。

一句话总结

陈旭：司法解释符合正确的价值婚恋观，我支持。

陈剑峰：夫妻共同缔造幸福和财富。

李明舜：法律为婚姻设定的，只是一个最低标准。

陈彤：新婚姻法只保护了资本意志，忽略了情感投入。

赵格羽：解释三很不完善，特别是对家庭主妇的保护非常不完善。

本期编导：毕　铭

2. 二胎指标转让

□ 2012 年 3 月 14 日

二胎指标转让是变相买卖人口？

扫一扫 看本期节目视频

　　内容提示：全国人大代表李兴浩，在两会上呼吁建立二胎指标转赠平台，让合法拥有二胎生育权的公民，在自愿的原则下，可以将二胎生育权指标转让给高学历者、富裕阶层、公务员等，他认为这些人群有较高的社会地位和较好的经济条件，可以保证新生人口具备基本的教育条件和良好的成长环境。得到指标的家庭，要给予出让指标的家庭一定的补偿，如买医保、买社保等国家现今规定的所有基本保险，提供最低的生活保障。他希望通过转赠指标，使得孩子拥有更好的教育，更好的成长环境，同时帮助转赠指标的夫妇脱贫。此言一出，很多人认为，如果穷人把自己的生育权转让给富人，将会出现生育权的不平等。那么，二胎指标能转赠吗？

本期主持人：

闾丘露薇　前凤凰卫视采访总监，哈佛大学 2006 尼曼学者。2003 年美伊战争，她成为首位进入巴格达的华人女记者，也是全球唯一一位三进阿富汗采访的华人女记者，被誉为"战地玫瑰"。

本期嘉宾：

李兴浩　全国人大代表

周孝正　中国人民大学法律社会学研究所所长，教授，社会人口学
　　　　专家

司马南　社会学者，媒体评论人

薛小建　中国政法大学法学院宪法研究所副所长

嘉宾选择：

红方：支持二胎指标转让

　　　　李兴浩、周孝正

蓝方：反对二胎指标转让

　　　　司马南、薛小建

白方：中立

闾丘露薇：很高兴我们今天请到了提案的发起人李兴浩先生，很好奇地问一点，你怎么会想到要做这样一个提案？

李兴浩：在计划生育的前提下，给每个人多一次选择，我相信对所有人都有好处。

闾丘露薇：问题是现在在一些地方二胎指标本来就是合法的，那些人也想要生。

李兴浩：给他自由选择权，并不是取缔他的权利。就相当于全中国所有的岗位让你选一个，你说你想不想要呢？你自己不想要的话，可以啊，没有任何影响。

闾丘露薇：这些有指标的穷人其实也想生对吧？

李兴浩：想生就不转让呗，很简单啊。

闾丘露薇：您的意思就是说，如果不想生，但又有指标，就

可以转让出去。

李兴浩：还给国家，因为是国家给他的。

闾丘露薇：我明白了。周教授，你为什么同意他呢？

周孝正：他这个提案是非常现实的，简单地说就是头痛医头脚痛医脚。他这属于头痛医头脚痛医脚的一种下策，但下策也是策，所以从这个角度我支持李代表。据说李代表现在的身份还是个农民？

李兴浩：对，我还是个农民。

周孝正：全国人大代表里农民是很少的。他这个提案就相当于构建一个平台，你有二胎指标，由于经济原因不能生，你可以给别人，别人给你点好处。

李兴浩：对的，下策总好过没策，因为没有中上策。

闾丘露薇：中策上策是有的，只是不能实现。彻底放开是上上策。

周孝正：发达国家可以随便生，但并没有出现多生的问题。

闾丘露薇：你们两个人的出发点不太一样。

激烈的辩论（左：薛小建，右：李兴浩）

周孝正：都是为了解决问题。

闾丘露薇：但是着重点不一样，你的着重点在穷人这边，他的在人口可持续发展这一点上。

周孝正：有人提了好多问题，但你们不能苛求人家一个农民人大代表包打天下，对吧？

薛小建：我是学法律的，所以我想从宪法的角度来谈。即使您这个是一个下策，我也是持反对意见的，为什么呢？二胎指标，实际上是生育权。无论在哪个国家，生育权是最基本的人权，不可让渡和剥夺。当然我们可以在合理的范围内加以限制，但是如果把生育权让渡出去，就会涉及个人的尊严问题。

李兴浩：事实上现在中国只允许生一个，按你的说法全中国人的生育权都被剥夺了。

薛小建：现在一对夫妻只能生一个孩子，这是在合理范围内的限制。但是如果给你生第二个孩子的机会，你又把这个机会转让出去，这就属于对生育权的让渡。

李兴浩：自愿就没有问题啊。

薛小建：基本人权不可让渡，自愿也不行。

周孝正：我插一句，中国的计划生育条例是分地区的。对于一般城市，一对夫妻只能生一个。有十几个省开放了独女户，如果第一胎生的是女孩，就可以生二胎。有些地方普遍放开二胎，比如山西翼城，只要间隔几年，就可以生。还有的可以生三个四个的，比如独龙族。

司马南：李代表，我认为您的这个提案，是有创造性思维的，确实可为一策。但是此策很难解决越生越穷的问题。

李兴浩：这句话不是我说的，是媒体说的。

司马南：不管是不是您说的，您这一策要解决越生越穷的问题几乎不可能。您这个办法，无论做多少限制，都改变不了一个

他这个提案是非常现实的

中国人民大学社会学系教授 周孝正

事实，有钱的人家才能拿到那个指标，这就是不平等。

李兴浩：我提出来的这个方案，对计划生育肯定是有助力的，对国民综合素质的提升也是有帮助的。而且因为有经济上的辅助，所以肯定能减少贫富差距。另外一点，有选择总比没有选择好。

周孝正：现在很多大陆人挺着肚子跑香港去生孩子，如果有指标了，就可以不去了。所以我一再强调，支持他就是因为他实事求是。

闾丘露薇：解决了目前想要生没得生的问题。

周孝正：对。

闾丘露薇：很多网友反对这个提案，最主要的原因是觉得会涉及道德问题。只有17%的人觉得靠谱。再来看看网友留言。有一个叫小惠的网友说，她想生二胎，但是没有指标，又不想到国外去。另外一个叫晴天的网友说，对于有钱人来说，有没有指标根本不影响他们生二胎。其实，还是要回到道德的问题上，大家

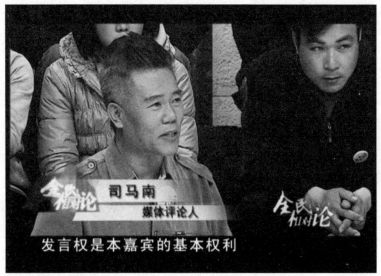

媒体评论员 司马南

会觉得这是我的基本权利，怎么能用钱转来转去？这跟以前卖孩子给地主有什么区别呢？

薛小建：我想大家要清楚一点，如果把生出来的孩子拿去转让，那转让的是人口，这个肯定要被法律制止。但是转让指标，指向的是什么东西？生育权，对吧？实际上最后还是人口的问题，把人作为物品在交换。任何政策都不能拿人作为工具，因为人本身是有尊严的，这样做有违基本道德。

司马南：我觉得最重要的是尊严问题。比如我们有二胎指标，但没钱生，你有钱，拐了个弯我们的指标就变成你们家的指标了。那么将来有一天我有钱了，我就会想，当初你们把我的孩子给拿走了，难道就因为穷，我的"孩子"就得转手给别人？

周孝正：你有二胎生育权，但你放弃了。相当于你有投票权，但你弃权了。你放弃了之后，指标就退给国家了，其他人可以再领走。怎么叫你的孩子转手送人，完全胡搅蛮缠。

司马南：那是一回事。其实是把我的孩子，通过国家的方式转给了你。

周孝正：不是孩子，是权利。

司马南：但最终还是落到了有钱人的手里，依然不公平。打个比方，有另外一对夫妻，虽然也很穷，但他们想要二胎，怎么办？他们没钱去买指标，而富人就可以。

　　资料：很多人都认为转赠只是一个冠冕堂皇的说法，实际上是生育权利的买卖。也有人认为富人要是想生二胎，直接交罚款就可以，不必这么麻烦。转赠指标会不会成为转卖指标，转赠平台会不会成为交易平台？那么，二胎指标转赠到底算不算是一种商品交易？

第二次选择：

红方：其实是一种商品买卖行为

　　　周孝正、薛小建

蓝方：不算商品，转让的只是指标

　　　李兴浩

白方：中立

　　　司马南

司马南：从经济学的角度来说，商品的基本定义是这个东西有使用价值同时又有价值。使用价值是它的有用性，价值是指社会必要劳动时间在这个产品中的凝聚，并且经过交换才能够实现的，这才叫商品。我们不能把它等同为商品，但是这里面又的确体现了交换性，所以我中立。

周孝正：我认为它是属于一种特殊的商品。可以用于交换的

27

产品才叫商品。它的特殊性在哪里呢？你把生育权退给了政府，政府调剂给别人。这其中有金钱的交换，所以我说它是特殊的商品。

薛小建：我还是坚持刚才的观点，就算交换的是指标，最终指向还是人，所以实质上是人口的交换，也算是一种商品买卖。

司马南：用于交换的可能是产品，不一定是商品。

周孝正：这是在误导大伙，用于交换的产品就叫商品。

阎丘露薇：这个确实有点误导。

周孝正：他这个基本概念没搞透彻。

司马南：以交换为目的的产品才叫商品。

司马南：不是说我们不想生了，而是我们需要钱，富人又刚好能给我们钱。这就是问题。

阎丘露薇：确实有钱的问题在里面。

司马南：等我们也有钱了的时候，就会非常伤感。

李兴浩：我们要看现实问题，为什么公务员不生呢，因为生了就没工作了。这样就控制住了。

阎丘露薇：想生的人没权利生。

李兴浩：对，有钱的人还可以去国外生。

一句话总结：

李兴浩：用什么方法让中国人生活得更美好？

司马南：什么都能拿来卖，不靠谱。

薛小建：要让人民生活得更美好，但不能靠出卖尊严来解决。

周孝正：不要唱高调。

本期编导：高 淼

3. 新著作权法保护了谁？

□ 2012 年 4 月 24 日

集体管理组织把版权人权利夺走，等于把创新力量全部抹杀掉。

文化产业发展，不能挫伤整体音乐人的积极性。

扫一扫 看本期节目视频

内容提示：2012 年 3 月 31 日发布的《中华人民共和国著作权法修改草案》，引起内地音乐人的强烈抗议。草案中第 46 条规定："录音制品首次出版 3 个月后，其他录音制作者可以依照本法第 48 条的规定，向著作权集体管理组织支付使用费，报送使用作品的作品名称、作者姓名和作品出处等相关信息后，可以不经著作权人许可，使用其音乐作品制作录音制品。"这些规定触动了音乐人的雷区。业界人士认为，如果草案被通过，将最终对中国音乐产业的创新和发展造成巨大的攻击，甚至关系到音乐行业的生死存亡。

本期主持人：

闾丘露薇

本期嘉宾：

付　林　著名音乐人

周亚平　中国音像协会唱片工作委员会副理事长

金兆钧　中国音协流行音乐协会秘书长

周　密　北京市东易律师事务所律师

李顺德　中国社会科学院法学研究所研究员

陈杰人　中国政法大学法制新闻研究中心研究员，公共关系咨询专家

刘春田　中国人民大学教授

嘉宾选择：
红方：著作权法可以保护权利人的权利
　　　　周密、李顺德
蓝方：著作权法不能保护权利人的权利
　　　　付林、周亚平、金兆钧、陈杰人
白方：中立
　　　　刘春田

闾丘露薇：很多人可能觉得著作权法和自己的日常生活没有太大的关系，只有有关系的这些业界人士才会表达意见。如果有一天你想写歌，你想写书，你想做一件事情的时候，这个法律就会跟你有关了。

周密：我认为这个著作权法更大的目的在于传播，保护只是一种手段。它是为了促进传播而行使的那么一部法律。

李顺德：我们也直接参与了这次著作权法修改的一些前期工作，从整体上是考虑到了各方的利益，考虑到我们权利人、传播者还有具体的社会公众和使用者，从总体来讲应该是比较全面的。

闾丘露薇：参与制定这个法律的法学界人士表示说，其实他们是平衡了各种的关系才有这样一系列的条款。

周亚平：我认为，这个著作权法所起的作用首先应该是鼓励

我们来看看我们凤凰网

《新〈著作权法〉保护了谁？》节目视频

创新。这个法律是著作权的专门法，如果不能鼓励创新，那你传播的内容从何而来，那就是无源之水、无本之木。这部《著作权法》的现状呢，即使很多法条考虑到了版权方的利益，实际上它的作用还是损害了版权方的利益，也就是说我们版权方不光是有集体管理组织还有版权人，现在是集体管理组织把版权人的权利全部夺走了，这样的话等于把创新的力量全部给抹杀掉了。

金兆钧：第一，它的出发点根本就不是为了保护著作权，它保护的是集体管理组织的利益，它保护的是互联网利益，它保护的是盗版者的利益。

付林：现在要重点保护的是著作权而不是传播权，是要保护著作权人写作发表之后的权利，恰恰中国就少这个啊。

闾丘露薇：请教一下陈先生，因为你是研究法制新闻的。

陈杰人：我反对的就是著作权法修正案中关于强制授权的问题，也就是说所谓三个月之后，任何商业机构都可以不经著作权人的同意就自由地做，我觉得这个实际上是在保护商业机构的利益。

刘春田：我在 20 世纪 80 年代就参与制定著作权法的工作了，我是最初的起草小组成员，也是后来的修改小组成员，也是这次第三次修改的三个专家意见稿的成员，我是其中一个专家意见稿的负责人，所以比在座的各位可能了解得更多一点。现在业界的反映就是在向社会反映，向立法机关反映，将来在真正转到立法机关、国务院法制办和全国人大法工委的时候，这些意见会更加全面地被反映出来。

闾丘露薇：关于三个月这样一个时间的限定问题，大部分网友会觉得这么短的时间会打击创作者的热情，不太利于保护作品的权利。

蓝方观众 A：创作人的权利得不到保证的话，可能过一段时间之后，就会直接造成创作者热情的降低，从长远来看不利于整个行业的发展，最终受到损害的可能就是我们这些大众。

红方观众 B：我不认为著作权法修改之后，会使创作者的热情大减。另外一点，著作权法规定三个月之后虽然可以使用，但是需要付费，就是说著作权人金钱这一部分的利益也是可以得到保证的。

周亚平：唱片公司要投入很多的钱做推广、做宣传、做广告，如果说三个月以后这歌还没有走红，而我正在这儿推着呢，往里面砸了好几百万的宣传费，这钱还没见着呢，别人全用了，我忙半天干吗呢，我岂不是给别人做嫁衣裳，这绝对是强盗逻辑。

闾丘露薇：因为我们也是做电视的，有的时候你想了一个节目的模式出来，但是因为天时地利的问题呢，它就是红不起来，而别的电视台可能仿造了一下，或者说借用了一下这个概念或者形式之后，它就可以了。

李顺德：按照过去的条款是不需要等三个月的，做完以后马上人家就可以用，现在为了要平衡一下，给你延迟三个月，一方面限制了权利人的权利，另一方面又适当地给你增加一些保护。

周亚平：立法人不懂行，三个月推一首歌管什么用。

闾丘露薇：我知道，你们有人建议说增加到三年，对吧。

金兆钧：有一个很现成的例子，某歌手现在要复出，她的带子刚录完还没上市呢，主打歌已经被另外一个歌手唱了，你去理论，他说他给管理组织交钱了，三百块钱用一次。

周密：其实，这个 46 条承载了大家太多的不满了。单纯地看，它只是一个法条，不要给它赋予太多的内容。刚才说到集体组织的管理如何，可以通过另外一个东西来解决：它可以有条例。咱们还是回到 46 条。如果想研究一个东西，必须先搞清它是什么，这个 46 条的原文谁能够给我重复一遍吗？

周亚平：我只能说意思啊：当作品发表三个月以后，其他的制作者可以不经著作权人许可而使用。

周密：不是发表，是出版，这是两个截然不同的概念。比如说我唱一首歌，或者我写一个稿子，当天我朗诵出来或者当场唱了，我这就发表了，而且发表权只此一次再不保护了，但是说到出版，出版者的权利不仅属于作者本人，也有可能属于音像制作者。

周亚平：比如说我现在是著作权人，我自己在家做了一个 Demo 在网上发表，你说这不是出版吗？这就是出版。现在科技发展到这个程度，数字音乐已经泛滥了，不像过去我非得要出版社给个版号，然后还要各种出版手续，最后到加工厂印刷这才算出版，现在已经不是这个概念了。

闾丘露薇：对出版和发表的这样一个定义，业内人士是不是有这个共识？

金兆钧：刚才周先生说的两点很重要，在传统意义上，就音响界而言，过去它需要一套复杂手续，甚至最后要到更高的机关去报批，审查还很严格。到了现在互联网的时代，谁都可以自己在家上传 MP3，互联网的经营者本身很高兴，他无偿得到内容了，可以通过大量的流量点击率获得广告，获得网站的扩张。新的著作权法里边，这些因素都没有考虑。我们没有要求删除 46 条，我们要求恢复著作权人的权利。因为作为一个作曲家，这一张碟里面他认为最好的一首歌他要自己控制。

闾丘露薇：对，我有看到新闻说你们是觉得 46 条要修改，然后 60 和 70 条是应该删除的。

周亚平：是，我们的意思非常清楚，就是要修改 46 条和 48 条，要求恢复 46 条原来删掉的代书条款。

闾丘露薇：然后时间变成 3 年，是吗？

周亚平：实际上是把那个代书条款恢复，这是最重要的诉求，因为现行著作权法当中它并没有三个月或者是三年的概念，它只是有一个著作权人声明，"不许使用的不得使用"这么一句话，这一句话就充分尊重了著作权人自己的意思自治，我同意你用你就可以用，我不同意你用你就不能用。

陈杰人：在此之前我真的不知道你们的专家组包括版权组，到底有没有征求过音乐人的意见，有没有征求过公众的意见，有没有征求过律师界的意见。

闾丘露薇：其实我倒是想这样来问，当这个《草案》公布之后，大家进行讨论的时候，听到那么多反对的声音，或者要求修改删除等等的声音，是不是觉得很吃惊？

刘春田：这个一点也不吃惊吧，这是一个社会进步的表现，作者以及著作权人的意识提高了。不仅是中国的民事法律，国际的也是这样的传统。刚才周先生讲的意思自治，你可以通过市场关系把自己的权利交付于其他人行使，但是有一个对价，这就是民事法律的基本规则。所以有些概念，恐怕要有一个必要的知识

中国社会科学院法学研究所研究员 李顺德

储备和训练，不是说抓住一个概念或者个别的概念就可以把事情说得清楚。

　　闾丘露薇：但是我作为一个公民，至少我会觉得法律要让我看得懂。要能够让我知道，我到底是什么地方违反了它，什么地方它可以来保护我。想请教一下李先生，您刚才听了那么多，您觉得三个月够不够，目前你们参与法律去修改的余地大不大？

　　李顺德：出台的这个征求意见稿不是最后的定论，实际上我们现在讲的版权和著作权，在法律上明确讲了这两个概念是同一的。

　　周亚平：没错，好像是现行法第 60 条。

　　李顺德：专门有一条说明这个问题。

　　周亚平：著作权等于版权。

　　金兆钧：问题是现在的结果恰恰关涉版权，他是唱片公司，他为什么要急，他不是以单独的一个作曲家的身份来提这个意见，他们四十多家公司一块急。

闾丘露薇：我觉得更实实在在有体会的还是业界的人士。其实，你们也提出了一些建议，现在应该是有一个机构可以来收取这样一个费用，然后允许第三方来使用作品。那你们提出的建议里面说，应该有一个公平的竞争，其他的业内的行业可以加入进来。是不是如果允许这样做了，就会觉得60条和70条就没有删除的必要？

周亚平：60条和70条本身有很大的问题，首先60条、70条等于是把私权给公有化了。著作权是私权，它延伸管理以后就等于是著作权人所有权项全都给延伸了。首先这个延伸就不符合中国国情，中国就是著作权管理制度，就是集体管理组织，是垄断性的，是集权性的，没有人跟他竞争。这样的话等于是通过法律光明正大地以保护知识产权的名义，把我们的权利全部给夺走了，而且没有对权项进行任何限制。

闾丘露薇：李先生之前有没有听到过这种声音？

李顺德：这种声音反映过，也有很大的争议，包括在起草各种草稿的过程当中争议就很大。本来这个集体管理组织就是这么产生的，原来有很多小的权利，著作权人自己或者是相关权利人自己没有那么多精力去管，就委托给我们，按法律关系实际叫信托，还不是委托。把自己的权利信托给集体管理组织，由它来代替权利人行使这个权利，帮助权利人把这些费用收回来，这是当初本来的初衷。

付林：这个著作权协会已经成立二十多年了吧，成立以后是版权局在管它吗？应该是挂到版权局吧？

李顺德：不。

付林：有没有一些针对协会管理的标准呢？著作权法是否应该对这个机构设置一两条法律呢？

李顺德：应该说行政部门可能参与得比较多一些，另外人员的安排方面也带有很浓的行政色彩。刚才讲了音著协时间比较长，但是那个音著协集体管理，就是前些年涉及视频以后才出现的，时间不是很长。

付林：对。除了对法本身的意见，我们业内人士第二条意见是和著作权法相关的，但不是一回事。这两个机构对我们来讲，就是一个机构——著作权协会。

周亚平：对，集体管理组织不信任它。

付林：不信任原因是很多，在这里头不好讲。

陈杰人：音乐著作权集体管理制度本身就很荒谬，音乐的制作权它属于一种私权，你通过一个法律强行规定某机构可以代表全中国N多的不特定的著作权人去管理你的著作权，凭什么呀？我们中国最恶心的就是喜欢代表，总是喜欢代表别人，借着代表的名义去侵犯别人的权利，还堂而皇之地从别人的口袋里抢了东西，放自己的腰包里头。

周密：说到这个问题，您这个观点我还真是难以苟同。这个著作权管理集体组织还真的是需要的，因为咱们著作权人每个人都是一个自然人，他要创作，他要生活，他不可能满世界地去维权，没有这个精力。

陈杰人：我认为这个音著协即便是存在，就像您说的做服务是可以的，替大家去……比如说信息沟通，进行论坛的研讨，互相促进培训，都可以；但是，你凭什么说代表我的权利呢，这个是很荒谬的。

周密：这次立法有声明除外，如果你不授权给它。

周亚平：现在就是你声明了也没有用，因为它已经强迫你代表了，为什么？你声明了，你要去维权，对不起，不赔钱，就停止使用，完了按照协会的会员标准支付你的使用费，这就跟你被代表是一样的。正面和反面全都被代表了，我授权也被代表，我

刘春田
中国人民大学教授

我就参与制定工作

中国人民大学教授 刘春田

不授权也被代表，两头都被堵死了。

　　闾丘露薇：好，这个疑问我们还是想听听参与了立法的法学学者的回应，会比较的清晰。

　　付林：业内的人很多法律界条文可以解释得非常清楚，但是不了解现在的变化。

　　闾丘露薇：您对现有的60条、70条的解释，能解除他们的疑惑吗？

　　刘春田：我首先说明这是音乐，或者叫做著作权的集体管理机构，它是一个纯粹的民事团体。

　　周亚平：从来就不是民事，要是的话我也成立了。

　　付林：都拿工资，都有什么局级干部，什么干部。

　　刘春田：集体管理这个叫法，这种行为，这种事物，在国际上已经有上百年的历史，这不是中国人发明的。

　　闾丘露薇：我提一下我的疑惑，我们经常拿国际标准来跟我们的标准比，但是你会发现国际上的很多行业协会或者是它的一些管理是很民间的，是行业内自发的，没有官方的背景。

刘春田：知识产权制度也是因为要改革开放建立市场经济，从国外借鉴进来的。我们市场要发展这些东西，没有建立著作权制度之前，音乐家跟谁去要钱？只有演出。

周亚平：我们音乐家跟渠道方要钱，比如说作者要跟出版社要钱，出版社去跟消费者要钱，产业链是这样来的。

周密：盗版了怎么办？

周亚平：盗版了那就通过著作权法，通过周律师去维权。

周密：对，得有一个集体组织才好。

周亚平：不是，这跟集体组织没关系，有了集体组织啊，反倒盗版也成合法的了。

周密：咱们讨论的应该是有没有，而不是好不好。

周亚平：这个制度设立本身它就有问题，现在跟它对接的关系都不满意。

闾丘露薇：其实对于这个问题，我知道你们也提出过一些建议，比方说如果实在是要存在这样一条要求的话，希望能够开放竞争，由业内组成的多样化团体即行业组织来行使集体管理。

　　资料：如今互联网已经成为人们生活和工作的重要内容，电脑、智能手机等让作品传播更广更快的同时也让侵权现象越来越严重，数字时代对版权的保护提出更高要求，那么新著作权法草案是否让网络服务商对盗版获得了免责牌。

第二次选择：
红方：著作权法案没有偏袒互联网
　　　周密、李顺德

蓝方：著作权法案偏袒了互联网

　　付林、陈杰人、金兆钧

白方：中立

　　周亚平、刘春田

　　闾丘露薇：现场观众认为偏袒了互联网方的人增加了，你们为什么这样觉得？

　　蓝方观众C：我觉得不应该保护这种传播，而更应该规范它，如果它有链接这些东西应该是算侵权的，不应该允许它这样传播并且牟利。

　　周密：那你也过来吧，咱们讨论的不是一条啊。

　　闾丘露薇：我觉得是啊，他讲得对，在新的著作权法里面讲到了关于链接是不是应该免责的问题。一些网站会说我只是ISP，只是提供这个链接而已，我不是ICP——内容提供商。

　　周亚平：法文里面并没有明显倾向于互联网企业。

　　闾丘露薇：你觉得这个草案里面的新规定并不会让它提供链接而免责？

　　周亚平：实际上69条它是第一款避风港原则，避风港原则就是《信息网络传播权保护条例》已经有过相关规定。咱们国家参加了一些国际公约，像WPPT第10条和第14条，其中有对类似的一个国际组织、国际公约的规定，所以在我们国家法律当中自然也应该有这样一个。现在基本上互联网企业使用作品，很难利用这个避风港原则获得初步豁免，所以说这个法条对我们不构成很大的威胁。构成很大威胁的还是我刚才说的60条和70条，这两条要是不删除那我们就有麻烦了。

　　付林：他的《两只蝴蝶》在网络歌曲上是真赚了一点钱，他坐在那儿也对。比较早的网络流行歌曲确实赚了钱，我担忧的是

就不是为了保护著作权的利益

中国音协流行音乐协会秘书长 金兆钧

什么呢？刚才谈了关于网络，无线也好，三大运营商去年占有市场份额将近三百亿。

周亚平：330 亿，就是中国移动、中国电信和中国联通。

付林：再加上这次还是真收费的，两块钱也是收费啊，它占有 50%。咱们不说公平不公平，关键是它应该付版税的，应该付给著作权人，或者是著作权代理机构。还有卡拉 OK，三百万间包厢的卡拉 OK，按现在规定计算的话是 1000 亿，这个大市场搞得这么乱和我们著作权法没关系？文化产业想搞好大发展、大繁荣，不把法律弄清楚，就完全挫伤了整体音乐人的积极性。

闾丘露薇：刚才我看付先生在讲的时候，刘春田老师也是有点头的，您是不是觉得他提到的很多问题，比方现在中国的音像市场、电影市场不是我们以前想象当中的那么一点点了，现在它有卡拉 OK、有演出、有电信这样的一些服务，包括您刚才说的互联网上的直播。但是，我们现在可能会越来越多地用手机这种流动的通信技术来获取更多的娱乐资讯，或者其他的一些东西。那这些东西在这一次的著作权法里面有没有考虑到？

刘春田：我们已经进入数字时代了，但是调整生活的法律还是落后的，就像有了高速路我们还骑自行车，这个不行。我们需要彻底地大幅度地修改这个法律，使它能够适应数字技术的发展。这只是一个草稿，因为国家版权局不是立法机关，它没有权利提出一个立法的草案。

闾丘露薇：但是，我们透过所有的正规渠道看到的都是草案这两个字。

陈杰人：根据立法法的规定，只有国务院有权向全国人大提出一个草案。作为国务院这方面的主管工作，它所提出的一个方案几乎就是草案。

金兆钧：这是一个征求意见稿，那它为什么不写明是征求意见稿呢？我们会觉得很紧迫，在30号一过可能就要表决了。

陈杰人：没关系，我们就把它当作一个草稿在讨论。

一句话总结：

周密：没有最好，只有更好，除了法律我们还能相信谁呢？

付林：求公平。

刘春田：法律的公平在于与时俱进。

金兆钧：无公平，无音乐。

陈杰人：保护著作权就是保护创作智慧。

周亚平：没有坚实的法律就没有文化创新。

李顺德：让我们更好地运用版权保护自己。

本期编导：高 淼

4. "高危"创富

□ 2012 年 2 月 28 日

吴英罪在何处？吴英案是否真的有隐情？

扫一扫 看本期节目视频

　　内容提示：2012 年 1 月 18 日，浙江省高级人民法院对吴英集资诈骗一案，进行二审宣判，裁定维持对被告人吴英的死刑判决，依法报请最高人民法院复核，判决一出，舆论哗然，许多企业家、律师和媒体人在微博上表示，吴英至少罪不至死，希望最高法院能够刀下留人。

　　事实上，吴英并非因集资诈骗而获死刑的第一人。在过去五年间，浙江省共有 219 人因犯集资诈骗罪而被判处刑罚。其中至少有 10 人，因犯集资诈骗罪而被判处死刑，死刑缓期执行。而在这冰山一角背后，是数以千万计的民间借贷金字塔上的赌徒民众。

　　创富的冲动为何屡屡走出法律的边界之外，这是创富者的问题，还是法律的问题？2 月底，王岐山在讲话中提出，应鼓励引导和规范民间资本进入金融领域，不断发展和完善草根金融。对民间经济活动的思考，正在各个层面展开。如何为创富之路理清边界，扫除风险，逐利性投资受损算不算被骗，吴英该以一死为这场失败买单吗？

本期主持人：

闾丘露薇

本期嘉宾：

陈　俊　北京浙江商会副会长

冯兴元　中国社科院农发所研究员

何　兵　中国政法大学法学院副院长

张思之　法学家

杨照东　吴英案辩护律师

嘉宾选择：

红方：认为投资人被骗

蓝方：认为投资人也应该承担风险

陈俊、冯兴元、何兵、张思之

白方：中立

杨照东

闾丘露薇：杨照东先生是吴英案的辩护律师，能不能告诉我们你为什么选择中立？

杨照东：投资受损是一种结果，导致这个结果出现的原因有多种。比如，如果借钱的人诈骗了投资人导致最终受损，那么显然他是被害人。如果借他钱的人，不是出于诈骗，就像吴英案一样，借钱的时候没有诈骗的想法，由于借者经营不善，导致借款不能归还，投资人最终受损，在这种情况下，就不能说投资人是被骗了。所以我选的是中立。

张思之：在多数情况下，贷款出去就要承担一定的风险。不

《"高危"创富》节目视频

可能因为要承担风险，就认为借款的人是诈骗。

冯兴元：民间金融绝大多数都是基于社会网络的，大家都认识。借了钱，也一直在还，没携款逃跑，所以不存在欺诈。

闾丘露薇：但是有一个问题，可能有些人，把一辈子的储蓄拿出来，希望能够获得回报。但是他们的金融知识，或者对于很多东西的判断能力，相对可能比较低一点，或者没有想那么多。

冯兴元：那就涉及银行是怎么来钱的。这么多存款人里边，黑社会多的是，难道银行是非法的吗？

陈俊：既然是逐利，这个利后面肯定是有风险的。赢了当然好，亏了也不能怪罪那个人，说是被诈骗了。

闾丘露薇：但是有的时候，我们来举个例子，很多年纪大的人，或者基本常识匮乏的人，很容易被销售员一系列美好的描述欺骗，会接受这样的投资。香港的迷你债券就是一个非常明显的例子。它最后的解决方案是，银行对这一类的投资者给出补偿。

何兵：推销总是有一些夸张的，你不能指望这些销售员都像读书一样地念，那不大可能。

张思之：关键问题，就看他是不是故意欺骗。结合吴英这个案子，首先要考虑两个问题：一个问题是，她是不是隐瞒事实真相了；另外一个问题是，她所贷来的款，是不是用来经营了。如果是的话，那么在投资过程中，她自己也担有风险。

红方观众A：我觉得是受骗了。因为我相信你，才把钱借给你。可是借给你之后，你得保证把钱还给我啊。你既然不能保证还给我，干吗要跟我借钱？因为在农村，那些人的投资意识特别低。就是说我觉得我跟你认识，关系也比较好，你要跟我借钱，我得在你困难的时候帮你一把。我觉得这是一种信誉问题，你一点都不讲信用，不还我钱，这不是诈骗是什么呀？

闾丘露薇：这位小姑娘讲的，应该是大部分普通民众的想法。我们今天要介绍一位特别嘉宾，就是吴英的父亲。

吴英案辩护律师 杨照东

吴永正（吴英的父亲）：我补充几句。她的观点可能是正确的，但是在亏损的情况下，当事人跟你商量，过一段时间，挣了钱马上就还给你。这也是承诺，不能一竿子打死。

闾丘露薇：我们在讨论骗和不骗之前，先来了解一个问题，那就是这些民间融资，它是怎么运作的？现场也来了一些浙商，跟我们分享一下你们的故事。

潘凌云（浙江籍企业主）：首先我也是一个受害者。十五六年前，我把钱借给了别人，这笔款是很巨大的。这个人在之后的十五六年里从我的生命中消失了。我作为受害者，是有切肤之痛的，我很理解。对于借走我钱的那一方呢，我相信他可能跟吴英是很相像的。出身农村，父母都是地道的农民，到哪去筹到一部分钱呢？所以，需要朋友和民间援助，才可能实现我们的第一个梦想。那之后我重新开始，现在在全国各地都有很多地产。我新的梦想是扩展到国际上去，如果没有民间资金支持，我觉得很难实现我的梦想。

吴金法（浙江籍企业主）：我是1990年带着四万块钱到北京的。这个钱主要是向别人借的，2008年金融风暴，高利贷确确实实救了我的企业。银行不借给你了，高利贷算是雪中送炭。向银行借钱，你得先把钱存到银行，存了以后，才会借给你，还要担保、资产证明。这一块下来，起码要三个月。假如三百万，这里拨一点，那里弄一点，到手的最多两百多万，银行就这样子。我借的那个社会借贷，可以借五天，甚至十天一个月，四分利都没关系。所以说，确确实实，高利贷救了我的企业。

闾丘露薇：好的，谢谢您的分享。我想请教各位嘉宾，刚才吴先生用了一个词——高利贷。其实高利贷这个东西，在有的国家和地区，是有法律监管的。在中国好像是处于一个比较灰色的地带，所以这也是目前民间借贷比较混乱的一个原因。你们怎么看？是监管不够吗？

冯兴元：我觉得高利贷是莎士比亚的文学语言，或者政治家、社会学家的语言。我作为经济学人不会用这个词。

杨照东：实际上在计划经济里，"高利贷"这三个字本身，代表着邪恶，甚至是一种罪过。但是社会发展到今天，在市场经济的框架下，它只是市场决定的一种现象。

何兵：其实这肯定是因为垄断造成的。实际上整个社会面上不缺资金，银行里有大把钱想借出去。曾经有银行的朋友找我，问我有没有企业要用钱，管他借，他有几个亿的指标放不出去。银行有大把的钱放不出去，民间企业却拿不到钱。老百姓知道把钱放到银行里，肯定跑不过CPI，但是要放到民间去，风险又比较大。所以很简单的道理，就跟小摊贩一样，小摊贩为什么那么乱呢？因为不发牌照给人家。不发牌照，人家怎么办呢？还得经营，吃饭啊，所以就有很多非法小摊贩。

> 资料：有浙商认为，既然很多人都在进行投机，那么就免不了会有诈骗。也有律师认为，风险投资能不能定为被骗很难说。如果是被骗，是不是说这种利益需要保护？这里面还有一种说法，非法集资是一条恶法，不能因为有傻子上钩，就说骗子该宰。
>
> 这可能也是目前很多人心里面想的，也是为什么很多人站出来为吴英说话。那么，即便认为吴英是有罪的，究竟是罪不该死，还是罪已致死？

第二次选择：

红方：吴英应该以死买单

蓝方：吴英罪不至死

　　陈俊、冯兴元、何兵、张思之

白方：中立

　　杨照东

　　张思之：吴英诈骗案背后没这么简单，据说她被绑架，那么是谁绑架了吴英？吴英被绑架这件事跟诈骗案有什么关系？

　　吴永正：杨志昂，是吴英的一个债权人，但是欠他钱也不多。

　　张思之：那么，请问这个杨某人除了是债权人之外，他是什么身份，跟这个案子究竟有什么关系？这个要讲清楚。

　　吴永正：他实际上是个律师，也是被东阳的楼家黑道串联在一起的，要霸占本色集团的财产。

　　何兵：判断一个事件是不是阴谋，通常我们是根据这个事件的发展是不是远离生活常识，或者说法律的基本要求。如果一个

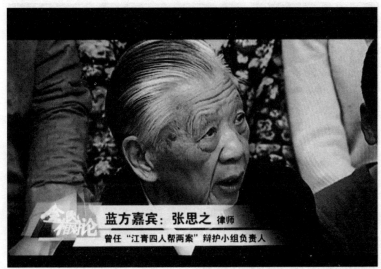

曾任"四人帮两案"辩护小组负责人　张思之

案件的审判、执行等行政过程明显置法律事实于不顾，那就很难摒除阴谋论调。比如说，如果还有尚未明确的民事诉讼在法院进行，但又在刑事判决时宣判死刑，并立即执行，这是存在问题的。把人杀了以后，下面的民事诉讼怎么打呢？

冯兴元：集资诈骗，首先集资额要大，要从社会公众集资。她没有诈骗的动机或者行为，也没有非法占有，更没有造成巨大损失。为什么？差额3.8亿，吴英现在完全可以还回来。

何兵：我可以非常明确地告诉你们，在法院没有判决之前，政府查封企业，变卖企业的财产，一定是违法的。我们没有任何法律授权政府可以这么干，以前没有，现在没有，将来也不会有。

张思之：我觉得吴英这个案件呢，开始的时候是个政府行为，而不是司法行为，是从政府行为过渡到司法行为的。因为一开始，公安局起诉的理由是什么？不是集资诈骗，而是合同诈骗。即便所谓的非法吸收公众存款罪成立，离死刑也差得很远。我讲这个

中国社科院农发所研究员 冯兴元

话是有根据的，其实他们对待吴英，像何老师讲的，是政府行为。先把人家的房子查封，然后政府通过一定的手段，跑到北京来拘押吴英，然后说吴英是畏罪潜逃。所以，一系列的行为证明法院本身也处于被动，我们这儿讲的是中院，不是高院，高院是另外一回事。

杨照东：我注意到一个很普遍的说法，吴英罪不至死。实际上，罪不至死里面有多种含义，前提是吴英要么构成了集资诈骗罪，要么构成了非法吸收公众存款罪。如果构成非法吸收公众存款罪，按刑法规定，最高判10年，当然不致死。还有一种观点，即便集资诈骗罪成立，基于种种因素，也不应该立即执行或者不应该判死刑。我觉得社会上的这种声音是出于一种善意，学者们也很中肯。但是有一点，我可以很负责任地讲，尽管现在网络上、媒体上有这么多的报道，但是关于这个案子，究竟真相是什么？除了检察官、法官和律师，其他人很难了解。我个人作为吴英案的主办律师，已经跟这个案件5年了。我想跟大家说一句，如果吴英罪不至死，还要澄清一个概念，她究竟是犯了什么罪。是构成了集资诈骗罪，因为情节相对较轻而不致死，还是说她根本就没罪？

张思之：我觉得杨律师已经讲得非常清楚了。我们之所以在致最高法院的信函里，不提罪与非罪，是因为我觉得，作为一个律师，向法院提意见，应当特别慎重。我要保人，先把人保下来再说。要是我们在信上直接提罪与非罪的问题，人家一看，离题太远。但是现在我们可以讨论罪与非罪这个问题了，我们需要讨论清楚。

闾丘露薇：如果这个问题不讨论清楚的话，就会有第二个、第三个吴英。对于所有的民营企业家，或者说所有参与民间借贷的人来说，它都是随时会降落到你头上的一个魔咒。

何兵：我在网上注意到一种说法，那些放贷，钱收不回来的，赞成严惩，好像严惩以后他们的利益就能得到保护。我要提醒他们，正是因为政府司法部门的行为，才使得你们的利益得不到保护。如果说没有政府的非法介入，钱是稳稳放在那儿的，这一点我需要声明。既然浙江高院已经做了判决，就没有权利对判决进行任何形式的辩解，就不得对社会上的批评给予任何性质的回应。为什么？法官没有权利为自己辩解，你只有权判决。如果你去为判决进行辩解的话，无形中就站在了检察院一方，你成了律师，成了控方。

何兵：我补充一点，1989 年严打，我作为律师，亲身经历了一起所谓的抢劫案。主犯被判了死刑，20 岁的小伙子，我在法庭上亲眼看见他，非常帅气。罪行是四五个小混混抢了人家四五次，总金额是 100 多块钱。

闾丘露薇：所以它有一个很大的借鉴意义，就是说，现在或者在几年前大家看非法集资，觉得是重罪，应该判死刑。但是过些年再回过头来，会觉得我们为什么要用这么残忍的方式去抹杀一个生命呢？很多时候，我们要走过许多年，然后回头，才会觉得惋惜。

一句话总结：

张思之：少杀、慎杀，受益者不仅仅是当事人，国家才是最大的受益者。

何兵：绝不能允许职业法官独占死刑判决权。

冯兴元：天条有罪！可即便按天条宣判，吴英也没罪。

陈俊：民间借贷成就了浙商，浙江的经济发展需要民间借贷。

杨照东：中国人拥有财富，并不是真正的公民；享受公平与正义，才是真正的公民。

本期编导：孙 钊

5. 税赋人生

□ 2011 年 3 月 12 日

苛政猛于虎也。

扫一扫 看本期节目视频

      内容提示：中国国务院总理温家宝在两会开幕前期与网民在线交流，明显表示将提高个人所得税的起征点，新的个税起征点将会提高到多少？这个问题在很短时间内变成了全民参与的哥德巴赫猜想。个人所得税在我国正式开征始于 1981 年，当年的免征额是 800 元，值得注意的是，800 元在当时能够买 800 斤猪肉。2006 年起，政府宣布个税免征额调至每月 1600 元，在短短的两年内，上调至每月 2000 元，并且从那之后，几乎每年都有两会代表提出提高个税起征点的议案。那么，个人所得税，对您的影响大吗？

本期主持人：

曾子墨

本期嘉宾：

贾　康　全国政协委员，财政部财政科学研究所所长

周　勇　《财新传媒》评论员

刘　桓　中央财经大学税务学院副院长
张培森　国家税务总局税收科学研究所研究员
吴祚来　中华文化促进会理事，凤凰名博

嘉宾选择：
红方：个人所得税对生活没什么影响
蓝方：个人所得税对生活影响很大
　　　贾康、周勇、刘桓

白方：中立
　　　张培森、吴祚来

曾子墨：问一下红方观众，为什么你们会选择红方？

红方观众A：我一直以来跟老板要求的都是税后工资多少，从来不考虑交税那一部分，所以对我影响不是很大。

白方观众B：我有时候觉得纳税挺重要的，有时候又感觉不重要。每个月收入三四千，交一两百，影响不大。

曾子墨：问一下张培森先生，为什么会选择中立呢？

张培森：我认为个人所得税对生活有一定影响，但是仅局限于一个方面。

蓝方观众C：大部分人的工资都是按税前来计算的，根据我个人的情况，我发现我实发的工资大概占我协议工资的百分之七十多。我粗略看了一下，每个月的固定支出主要是房贷，占了其中的一半，我可支配用于正常生活的大概就是百分之二十几。换句话说，如果没有那些扣除的部分，那么我的生活水平可以翻一番了。

曾子墨：其实谈调整个税起征点谈了很多年了，但是一直没有动静。大家觉得起征点多少比较合适，三五千还是七八千？

在纳税意识上面

凤凰名博 吴祚来

刘桓：我个人认为三千或两千并不重要，重要的是我们有个制度。

贾康：我觉得不能只讲起征点，必须同时考虑个税率。

红方观众D：刚才说 800 块钱在当时可以买 800 斤猪肉，我估算了一下，现在 4000 块钱差不多也能买 800 斤猪肉。当时的 800 元对我们来说负担并不是很重，现在的 4000 应该也没问题。

曾子墨：那时人家不需要买房子，现在要买房子呢。

周勇：我觉得五千可以了。考虑到 CPI 的增幅，接下来是一个低增长、高通胀的时期。

蓝方观众E：我觉得五千都有点低，六千到八千差不多。

贾康：简单地概括一下，其实大家都觉得个税起征点越高越好。如果全民公决，最可能的结果是取消个税。

曾子墨：吴祚来先生，您作为一个普通的纳税人，讲讲您的感受？

吴祚来：现在的个税起征点对我个人的生活没有影响，但是对我的情感有影响。我觉得今天这个分类就是错误的，应该把财政部的学者放在一边，然后大家向他们进攻。因为他们觉得三千比较合适，而我们觉得五千、六千，甚至八千最好。

曾子墨：贾康先生没说三千合适啊，还没表态呢。

吴祚来：赞成三千到五千的这些人，正好是社会的中坚力量。他们又要养老人，又要养孩子，对社会的贡献是最大的。但是我们现在却要剥削他们，拿他们的钱来养活庞大的政府，所以问题非常严重。

曾子墨：给贾康先生一个反驳的机会。

贾康：说到个人所得税，它除了要给政府提供履行职能的收入来源之外，更关键的是起到调节收入分配的作用。以适当的经济手段抽肥补瘦，这是非常重要的。

曾子墨：您说个人所得税的功能是调节贫富差距，抽肥补瘦，很多人就觉得在今天的中国，个人所得税没有起到这样的作用。因为很多富人，他们可能根本就不缴纳个人税。

贾康：所以不能只盯着工薪阶层，要把富人其他的收入计入个人所得。有的亿万富豪自己是老板，不给自己开工资，找不着税金。当初朱镕基总理要求查查中国十大富豪交了多少个人所得税，结果是一分钱都没有。

周勇：我非常赞成贾先生的观点，个人税的目的是为了调节收入差距。但是有些专家说，为什么起征点不能上调？因为一旦超过两千，中西部很多人的收入不足两千块钱，那么在中西部就没法收个人所得税了。所以，出发点就不对，我们是为了多收税，而不是为了调节收入平衡。

甘臻（现场嘉宾）：我的情况有点特殊，我是在我的老家安徽拿工资，到北京来消费。我的收入在老家应该算是比较高的，但是在北京就算是比较低的了。但是即便在老家，我也感觉到负担很重。一万多块钱，要扣除公积金两千多，还有大概接近两千的税，还要买房买车，养小孩，很难。

曾子墨：买房买车也要交税。

甘臻：还得交契税、车船税什么的。好不容攒够钱，买一套房，结果还这么多税，心里感觉特别别扭。

曾子墨：刘桓老师，听了甘臻先生的讲述，您有什么看法？

刘桓：首先甘先生能在北京买房买车，就说明他收入不止一万块钱。税收大家都不喜欢，比如说我挣一万，我就觉得一万起征合适，我挣两万，就希望两万起征。但是，税必须要征，大家都懂，因此一定要有一个大家能够接受的标准。

曾子墨：我们今天很荣幸地邀请到了《中国新闻周刊》的一位记者庞清辉。她专门做了有关税生活的报道，来，给我们讲讲。

庞清辉：我们做的是中产阶级的税生活，每天交多少税，每个月交多少税，或者说一辈子要交多少税。当时我们做了有一个多月，去采访的时候，感触很大。大家对于税的观念其实没那么重。我觉得有两种人，一种人是真的不清楚自己交了多少税，大部分人对税都没有一个清晰的概念。第二种人觉得，你算这个有什么用呢？又不能讨价还价。后来我找了一个高中同学，他有房有车，算是一个非常正常的北京中产。他是个对税非常不关心的人，完全是为了配合我的采访，搞完以后我们都觉得，税真是无处不在，只是我们没有注意到。另外一点，这是一个非常模糊的账，我们根本没有办法算清楚到底交了多少税。后来我们的那期封面故事被转载了以后，大概有两万多评论，有人就说我们的算法不对，比如我喝了一罐啤酒交了税，啤酒生产过程每一级别都在加税，根本算不出来。还有，比如买房，你交了税，房地产开发商也要交税，我记得大概有 40 多个税种，房地产商最后转嫁到你身上的税你也没有办法去算。所以说这是一笔糊涂账，不知道交了多少税。

曾子墨：正如刚刚各位所讲的，生活中有许多方面的税收，有些您可能根本不知道。接下来我们来看一篇资料。

资料：人的一生有两件事不可避免，死亡和纳税。看似遥远的税，其实隐藏在我们生活中的每一个角落里。你自己开店时需要缴纳营业税和所得税，为别人打工，得到的薪水要交个人所得税，在银行里存款要缴纳利益税。除此之外，买任何生活用品都要交税，一顿早餐，面包 3.5 元，牛奶 1.5 元，含税 17%，税金 0.85 元，一袋价格为两元的盐，包含大约 0.29 元的增值税和 0.03 元的城建税，每瓶 3 元的啤酒，包含大约 0.44 元的增值税，0.12 元的消费税，和 0.06 元的城建税。如果你吸烟，每包烟 8 元，其中大约 4.7 元是消费税和增值税。如果花 100 元买一瓶化妆品，其中除 14.53 元的增值税外，还包含 25.64 元的消费税，和 4.02 元的城建税。如果花 100 元钱去 K 歌，营业税 20 元，看一场电影，如果票价是 40 元，含税 12 元。这些税赋可能都是你不知道的事，我们的人生其实一直与税通行。

曾子墨：我听到有一个女孩在说好委屈，看来她根本不知道，在日常生活中，比如看电影，都要交这么多税。你为什么这么惊讶呢？

红方观众F：我以为在我工作以前，都是不交税的。我从来没想到我每天都要交这么多的税。

曾子墨：我想问问几位嘉宾，为什么中国公民对于税的概念会这么淡薄？

吴祚来：一个方面，大量公民在纳税意识上还停留在传统社会，甚至封建社会。财政部的专家们决定让我们交多少税，我们没有任何反驳的余地。他们拿着财政部的钱，当然要替政府办事。

曾子墨：刘桓老师，您的意见呢？

刘桓：我们每一个人都在拿财政部的钱，大家知不知道，你们在北京坐地铁会享受多少财政补贴？北京一年的财政支出中，有140亿元是用来补贴交通的。你只要两块钱就能转遍北京城，你一上车，政府就会补贴你2块2毛钱。学生刷卡是两毛钱，政府给你补贴了1块8。钱从哪儿来？当然是财政部。我不否认财政收入中有一部分钱花得不合理，比如贪污、腐败、浪费等等。但是你要承认一条，就是我们比过去好多了，我也相信我们国家会越变越好。作为一个普通纳税人，老百姓会纠结，我交的税干什么去了，大家都想知道，这一点我能理解。

政府补贴2块2毛钱

中央财经大学税务学院副院长 刘桓

曾子墨：我想问问刘桓老师，您作为税务专家，知道政府收了税收以后都干吗去了吗？

刘桓：基本是知道的，但是有些细节不太清楚。比方说开个会为什么要花五万块钱，这个我就不知道。

贾康：上一年度有5个，这一年度有74个中央级的部门，把他们的预算挂在门上，大家可以去看。虽然可能还是有看不清楚的，不过我想以后会越来越清晰。

周勇：虽然现在是在逐步好转，但远远没有达到我们想要的透明度。大家可能对这两年的车船税、房产税觉得非常不爽。这是我的个人感受，一开始为什么要收房产税，官方的说法是用来平抑房价。但是事实摆在眼前，你征了物业税、房产税，对房价依然没有什么实际性的影响。总是拿某个理由来收钱，大家会觉得不舒服。

曾子墨：我们来看一组数字，凤凰网就纳税情况对五千个网民做了调查，结果显示，不清楚自己交了什么税的占45.7%；知道交了税，但是不知道税用到哪儿去了的占51.1%；另外还有3.2%的人，像刘桓老师这样的，交了税且清楚用途。

白方观众G：我不反对交税，咱们确实也能享受不少交税的好处。不过现在这一代年轻人，即便不交税，想买房买车也非常困难。

吴祚来：你这个言论很错误啊，既然不反对缴税，那年轻人赚这么一点钱你还好意思雪上加霜？我觉得五千块钱以下就不应该缴税。

曾子墨：现在给各位第二次选择机会，如果您认为您作为纳税人的权利得到了充分保障，也就是说您认为政府在改善公共服务方面成效明显，那么请您选择红方。如果您认为政府在改善公共服务方面做得不好，请选蓝方。中立则选白方。

第二次选择：

红方：政府在改善公共服务方面成效很明显

　　　张培森

蓝方：政府在改善公共服务方面做得并不好

　　　周勇

白方：中立

　　　吴祚来、贾康、刘桓

周勇：我能够感受到公共服务方面的一些改善，但是远远不够。比如，我们一直在讲，教育的投入应该占到 GDP 的 4%，但这句话从来没有实现过。

曾子墨：喵喵小姐，为什么认为改善不明显呢？

凤凰名博 吴祚来

61

喵喵（现场嘉宾）：现在交税的主力还是中产阶级，我是一个在北京生活的人，我对北京提供给中层阶级的服务很不满意。比如说交通，我在洛杉矶和香港都待过，我觉得北京的路真的是最好的，但是交通最烂。再说公共交通吧，除了公交、公共汽车和地铁，再往上一个档次就没有了，只能打车。每天打车上下班，我花不起这个钱，这不是逼着我买车吗？现在又要摇号。

贾康：不能极端，具体事例具体分析，比如北京的轨道交通系统明显落后。如果想治本，一定要像纽约、东京、莫斯科一样，建成四通八达，密度足够大的轨道交通系统。这样一来，机动车就可以继续发展，人们会自动选择将机动车停在周边的一些停车场，然后通过轨道交通去上班。到了周末，开着车到郊外去享受生活质量的提高，这两个就成了并行不悖的事情。那时候就一定要把什么限号、摇号、限入等逐渐淡化，最后取消，这才是一个比较和谐健康的社会。

曾子墨：吴祚来先生，您认可贾康先生描述的这个美好蓝图吗？

吴祚来：我还是不太满意。公交地铁，一两块钱，这都是小恩小惠。放到大的问题上，比如全民医疗保险只要1600个亿就可以完全解决。

贾康：不能走极端。

吴祚来：在中国，浪费的钱不少。具体说，北京市的公车有多少？其他国家呢？

贾康：其他国家未必不浪费，前段时间有披露，奥巴马度假几天，花费了几百万美元。

曾子墨：但人家是公开的，中国官员度假公开吗？

贾康：中国应该学会公开，但不能说中国处处就不如美国。

吴祚来：印度国防部部长的办公室甚至都没有空调，只有个电风扇。

刘桓：对这个问题很纠结，首先我认为中国这些年还是有进步的，我们从一穷二白走到今天，要肯定政府做出的努力。但是要改进的地方也还有很多，比如医疗、教育、保险等等方面。医疗和社会保险比交通问题更严重，交通不好我可以走路，但是生病了必须得看医生。现在北京市每万人平均有多少病床，有多少护士和医生，政府必须要投钱进去。

周勇：关于公共服务我有切身体会。我是在北京的外地人，我的孩子正在上初中，所以面临一个问题，孩子将来高考怎么办？我交了税，为什么享受不到应有的公共服务呢？最近我注意到有一则新闻说，高职开始对外地孩子开放了，新闻发言人非常不经意地说了一句话，他说因为我们北京孩子的生源越来越少了，学校快招不进人了。难道外地孩子就只有替补的价值吗？我纳了税，我的权利如何体现？

喵喵：我在香港的时候，第一次去体育馆就被震惊了。那是很普通的社区体育馆，但设施相当好，羽毛球场是木地板，跑道是塑胶的，还有草地球场。这些都是用纳税人的钱来修的，而且免费开放。美国社区的图书馆也非常好，大家可以随便进去看，这些东西是能看得见的。在北京生活，我觉得很累。

资料：法国是税收最重的国家，同时法国的社会福利待遇也相当丰厚。法国民众一生可以享受400多种福利补贴，99%的法国民众都享有基本医疗保险，从出生到上大学全是免费教育。如果能证明父母收入不济，学校还能提供免费伙食。可以说除极少数人外，每一个法国人从出生到死亡都可以享受各种各样的基本社会救助。与法国相反，新加坡则选择了低税收低福利的模式，个人所得税两万元起征，税率鉴于 3.5% 到 20% 之间，因为税收低，新加坡选择了低福利的政策，政府负担的个人福利并不多，社会保障与福利主要由民间解决，新加坡福利制度的一个特色是在住房方面，政府一直在推行居者有其屋的计划，希望大部分国民拥有自己的房产。

曾子墨：这些国家，要么高税收高福利，要么低税收低福利，但是我想起清华大学的一位教授秦晖先生说过的一句话，中国是一个高税收低福利的国家。

张培森：国与国之间，有的方面有可比性，有些方面没有。中国现在的经济总量世界第二，是不是可以说大家纳的税多呢？

曾子墨：总纳税收入占 GDP 多少？

张培森：20%。

曾子墨：属于什么水平？

张培森：中下水平。

曾子墨：但有人会说，没算地方政府卖地的收入，还有国企的种种收入。

张培森：全部加进去，大概在 30% 到 33% 之间。即使如此，也处于中等或偏下水平。

曾子墨：那我们提供的福利和税收水平相匹配吗？

张培森：应该是匹配的，或者说基本匹配。

贾康：应该说，虽然在宏观税负方面和世界各个国家相比，我们不高，但是我们的福利应该进一步提高。怎么样不提高宏观税负，而提高福利呢？很简单，提高我们资金运用的绩效水平，也就是要提高透明度。大家有了知情权，跟着的是质询权、建议权、监督权和越来越充分的公共决策权，这样一来就可以提高绩效。

曾子墨：大家作为纳税人，尽了纳税的义务，希望得到什么

蓝色和白色区域

《税赋人生》节目视频

样的公共服务？

贾康：我能指望的最大好处就是，我可以得到公租房。现在政府正在加快建设。

曾子墨：还加快，去年都没完成。

贾康：你要看到进步，去年开工了590万套，今年硬任务，要完成1000万套。

红方观众 H：我觉得财政部应该给咱们计算一笔账，比如说月收入3000元以下的人，我交了100块钱的税，国家给我返回了多少钱？比如返了120，挺值。我觉得这个账应该算好，这样大家可能更愿意交税。

蓝方观众 I：最好是年底纳税，因为有的人每个月收入不均衡。比如说我这个月生病了，没收入，私企老板是不开工资的。我有个亲戚就是这样，他在一家私企工作，当时月薪一万多，非常高兴，非常努力，结果病倒了，俩月一分钱没有。他挣一万五的时候，交好几千的税，我说恭喜你，交的税多，说明你有能力。但是病倒了，管我借钱的时候我就觉得好心酸。

一句话总结：
蓝方代表周勇：依法收税，用于民生。
红方观众：平心而论，国家在进步，我们应该有信心。

本期编导：湛立芳

第二章 百姓生活

1. 城市——被限制的生活

□ 2011 年 2 月 28 日

扫一扫 看本期节目视频

内容提示: 车辆上牌, 排队摇号, 限制购房, 户口挡道, 车辆限行, 专家限号, 这么多的限制真的是必需的吗?

本期主持人:

曾子墨　凤凰卫视《社会能见度》节目主持人。1996 年以最高荣誉毕业于美国新罕布什尔州的达特茅斯学院（常春藤盟校），取得经济学学士，任职国际著名投资银行摩根士丹利。2000 年，加入凤凰卫视资讯台，担任财经节目主播。

本期嘉宾:

韩保江　中共中央党校经济学部教授

袁　岳　零点研究咨询集团董事长

章　文　资深媒体人，《中国新闻周刊》编委

十年砍柴　著名网友

毛寿龙　中国人民大学公共管理学院教授，博士生导师

周　勇　《财新传媒》评论员

嘉宾选择：

红方：限制是在正常范围内的，或者说限制是必要的

　　韩保江

蓝方：城市生活受到的限制越来越多

　　十年砍柴、毛寿龙、周勇

白方：中立

　　袁岳、章文

曾子墨：我们先来听听观众们的看法。

红方观众A：我觉得是有必要的，一定程度上限制自由是为了更好地得到自由。

蓝方观众B：我觉得，凡是人为限制的，注定是会遭到群起而攻之。

曾子墨：火药味好浓，都用上"群起而攻之"这种语言了。

白方观众C：从结果来看，可能会起到抑制房价，或者一些政府希望看到的好结果，但我有一点反感。

白方观众D：这些限制有一点针对外地人的意思，外地人在北京没有自己的房子，却和北京人纳一样的税。然后还有很多措施来限制外地人。

蓝方观众E：我是一个有买车买房需求的北京人，我觉得诸多的限制确实造成了很多不便，事实摆在那。我有车，刚开始限号的时候我还是比较遵纪守法的，我每天去打车，但是我们家楼下根本打不到车。抢了几次出租车没抢到以后，我就再也没有在限号的时间去尝试打车了。我自己开车，交警看到了要罚款，没办法，要罚就只能让他罚了。

袁岳：首先，我们如果希望限制少一些，一开始就不要所有

知名媒体评论员 章文

的事情都等着政府去做。更多的事情要我们自己做，或者通过公益组织、企业就把它做了，不要老指望政府。其次，如果一件事必须得限制，肯定是因为资源很少，如果不限制，会出现很多问题。在北京，如果要限制外地人的权利，最好要有一个特别委员会，让外地人代表一起来参与讨论。

章文：至少要有一个听证会。

袁岳：被限制的一方应该有代表参与讨论，因为政府有一个特点，它希望很快看到效果，所以在限制权利方面考虑得不够周全。这是方法上的。有一个例子特别值得我们借鉴，北京奥运会的时候就遇到一个问题，因为奥运会国家投了很多钱，不适合把票卖得很贵，但是便宜了以后谁都想去，怎么办？他们最后搞了一个抽彩程序，虽然最后还是只有少数人能买到，但是很少有人说票被限制了。所以，一个比较好的程序，大家是能够接受的。今天，当某些方面必须要加以限制的时候，应该吸取更多人的智慧，搞出一个大家能接受的方式。假如说这件事情实在太难处理，又怎么办呢？我觉得在将来，很多决策要通过全民表决来实现，所有的相关利益方都有发言权。

白方观众D：刚才那位小姐说了，警察开一百的罚单你觉得没关系，请问如果开一千、一万，你还敢犯吗？必要的限制是可以理解的，无论是城市还是大到地球，承载力和资源都是有限的。只是在具体到某一个特定的限制对象的时候，具体政策需要好好斟酌。

曾子墨：单纯的行政指令一刀切，很多人不服。

蓝方观众B：还有一点就是，既然有限制条例，那你总得给我另外找一个渠道吧？你不让我开车，不让我买房，你另外再给我铺一条路。

中央党校经济学部副主任 韩保江

章文：这是政府应该尽的责任。

韩保江：对方辩友始终在说公投、公决，实际上限行政策恰恰没有考虑老百姓。你去街上问，老百姓都是举双手赞同的。

曾子墨：您的意思是说今天现场的各位嘉宾和观众根本不够全面是吧？

袁岳：因为我是做民调的，所以我知道，老百姓的话是，要限首先就限公车。

章文：对。

袁岳：如果不限公车，无论施行什么政策我们都不服。

韩保江：我赞成你的观点。但是，我们现在是讨论应不应该限车，一会再说公车和私车的问题。

袁岳：每个群体的利益不一样。

韩保江：我不是说不一样，为什么中国有这么多限制？实际上这也是政府分配资源的一种方式，中国人太多了。

袁岳：对于普通老百姓来说，如果有公平的限制程序，我们接受；如果不公平，宁愿不限制。

韩保江：我认为北京市出台的很多政策都是经过若干轮的表决才通过的，并不是你们说的，某个人拍拍脑袋就想出来了。

袁岳：谁让你不透明？老百姓怎么知道你这些政策是怎么弄出来的？

韩保江：政府会公布啊。

袁岳：只是公布了结果。

章文：我是做媒体的，我都不知道限房条例是经过了多长时间，几轮，才通过的。

十年砍柴：当时搞房地产，发展汽车工业的时候，根本就没有长远规划。如果那个时候有好的政策，循序渐进，现在交通不会这么堵，房价也不会这么高。那个时候鼓励买房买车，还给补贴，

非常的熟悉 十年砍柴

嘉宾：十年砍柴

知名专栏作家、文化评论家和网络红人 十年砍柴

现在不行了，立马开始禁。

章文：这个咱们必须要反思。

毛寿龙：我不反对个人对自我的限制，但是那种外在限制实际上没有意义，为什么？比如我一天花400块钱，实际上对我没有限制，但是有一个麻烦，就是它剥夺了自我限制的意义。我经常出差，回来之后经常忘了哪天限行，车一开出去就遭罚单。

韩保江：说明你脑子里根本没有这个概念。

毛寿龙：问题就在这，循法守法的成本是非常高的。一个好公民莫名其妙变成了违法乱纪分子，这很郁闷。而且有了限制以后，对于已经买了房，或者不用开车的人是没有影响的。

袁岳：比如上海，现在新买房要交税，以前买的就不用。

曾子墨：我还听说有个城市新出台了一个政策，要有结婚证才能买房。

袁岳：但是，我对你刚才的那个极端自由主义观念不是很同意。我举一个例子，放鞭炮，这个就必须限制，因为有些鞭炮威力很大，太危险了。

资料：2004 年 9 月 28 日，杭州虹桥医院上海名医会诊中心首次开创每位专家每天限号 8 人的限例，没有预约成功的患者被限制就诊。2009 年 4 月 10 日，北京市决定实施交通停驶政策，按车牌尾号将机动车分为五种，执行每日停驶尾号，也就是在北京五环之内一辆轿车每周有一天时间限行。2010 年 4 月 30 日，北京出台国十条细则，对第三套及以上住房和不能提供一年以内北京市纳税证明或者社会保障缴纳证明的非北京市居民，暂停发放购房贷款，同时规定同一购房家庭只能新购买一套商品住房。2010 年 12 月 23 日，北京出台交通缓堵方案，自 2011 年开始，在北京购车需要增加摇号环节。2011 年 1 月 28 日，上海、重庆开始征收房产税，重庆房产税税率为 0.5% 到 1.2%，上海税率为 0.6%。2011 年 2 月 16 日，北京出台最新楼市调控政策即"京十五条"，规定外地人在北京购房需连续交税 5 年，已经拥有 2 套及以上住房的本市户籍居民家庭均暂缓在本市购房。

曾子墨：京十五条之后，上海、南京和广州也有一些新政策出台，比如说必须要有结婚证之类。总之，也是通过一些行政手段限制大家的购房需求。

毛寿龙：现在不让买房了，没人投资了。租金上涨，以后买房子的希望更渺茫。限制买房，实际上限制了建房和未来买房。

周勇：我从根本上是反对限购的，为什么呢？仔细看看，所有的限制都是针对需求的，比如看病的需求、买房的需求、买车

《财新传媒》评论员 周勇

的需求。这种情况下最重要的是增加供给，比如挂号难，那就让外资融入医院当中来，有更多专家应诊，而不是让专家少挂号。关于住房问题，要打破土地垄断，土地供应增加了，房子多了，供需就平衡了。

曾子墨：看看凤凰网微博上的网友都是怎么说的。幼儿园尚未招生百余家长先排队，呼吁摇号入学。据说北京未婚男子有三件大事：买车摇号，买房摇号，说不定哪天娶媳妇也要摇号。

韩保江：我讲讲我的观点，中国有13亿人，北京最大的承载量是2020年2000万，现在已经有2100万了。假如你是市长，你是国家的决策者，该怎么办？我是觉得大家要换位思考，不要动不动就骂政府。中国还处在一个转型学习的过程，为了防止国家走向混乱，适当的限制是必要的。

章文：政府的公共决策做得不好就该骂，因为它涉及每一个普通人的利益。

韩保江：你就看北京，有车的人在骂摇号，没车的反而镇定；有房的人在骂限购，没房的未必在骂。

章文：北京市的公共政策会涉及整个北京市市民的生活，您反对这个观点吗？我并没有说这些人都会骂政府。

白方观众D：来自自身的限制那叫自律，外来的限制才叫限制。今天我们应该讨论的是来自外部的限制，刚才这位老师说的政府可以来限制人的欲望，这是我们应该讨论的问题。实际上这个限制是可以取消的，把限制变成自律，我们知道这个政策是合理的，那么我们自觉自律，事实上也就没有限制了。

曾子墨：我问一句，你作为一个外地人，生活在北京，有因为受到限制而感到很多不方便吗？

白方观众C：不方便是有的，但是我不认为有限制。因为现在我还没有买房买车的需求。

毛寿龙：我们以前也是赤脚出来的，现在穿了皮鞋。以后买皮鞋要摇号，等你有钱买的时候都不让你买了。

曾子墨：这么说吧，站在一个外地人的立场上，看到这些政策，外地人买车要摇号，买房受到限制，你觉得公平吗？

白方观众D：从我个人来说我没有受到限制，如果以一个外地人的立场来说，确实受到了歧视性的限制，这是不公平的。

红方观众F：我觉得限制是应该的，给你自由，你不一定承担得起相应的责任。

章文：没有人说不该限制，我反对的只是歧视性的限制。

曾子墨：我们再来听观众谈谈感受，生活当中有没有一些被限制的经历？你如何看待这种限制？喜欢它，厌恶它？还是说考虑到公共的利益，你会支持它？

白方观众D：我来北京工作三年了，今年准备买房。终于凑齐了首付款，但是因为没有北京户口，政府告诉我，你不能买房。心情真的是非常无奈，非常矛盾。

曾子墨：有很多人说如果你反对大城市里的各种限制，你就别在北京、上海、广州、深圳这样的大城市生活。

章文：我们的教育、医疗等优质资源都集中在大城市里，每个人都希望到一个条件更好的地方去，有更好的教育、医疗和工作环境。

曾子墨：无论你认为这种限制好还是不好，或者说能不能接受，现实已经如此了。听各位嘉宾谈了自己的经历和感受后，我想大家再做一次选择，您认为现在城市生活受到的限制还不够，应该加码，大家的生活才会更加美好，还是说城市生活限制太多了，带给我们诸多不便，应该取消一些限制？

第二次选择：

红方：城市生活受到的限制还不够，应该加码

韩保江

蓝方：城市生活受到的限制太多，带来了诸多不便

十年砍柴、毛寿龙、章文、袁岳

白方：中立

周勇

红方观众 B：就我个人而言，出行要坐公共交通工具，我觉得应该再多一些限制，让公共交通更流畅。

白方观众 G：我原本觉得无论从自己的利益出发，还是从大局出发都感觉限制太多了，肯定对我们的生活是不好的。听了大家的论述之后，我现在觉得有些限制是必需的，只是方法和具体措施还有待商榷。

曾子墨：我看到一个网友说，在大都市里，觉得自己特别渺小，就像一只小鸟，出了这一系列限制措施以后，觉得自己更小了，只能算是一只小小鸟。在大都市的种种限制下，一只小小鸟想要飞高很不容易。各种限制已经成为事实，那么在这种情况下，我们怎么才能生活得更快乐更自在，或者说像小小鸟一样飞得更高？大家有没有什么解决方法？

白方观众D：我的想法是不在北京待下去了。以前我母亲问过我一个问题，假如有一天爸妈突然不在了，我怎么办？如果现在让我回答，我会把房车都卖了，我去云南、贵州或者四川买一套房子，在那隐居。北京一直在发展，以后限制还会越来越多。我宁愿选择另外一种生活方式。

红方观众B：因为限制多了从而选择离开北京去二三线城市发展，正好是社会进步的一个表现。如果所有人才都聚集在大城市，二三线城市就没有机会发展了。

曾子墨：我想听听蓝方嘉宾的看法，既然你们不希望被限制，那么在已经被限制的情况下，应该怎么去应对呢？

毛寿龙：我要劝大家不要着眼于小事，要着重于整个国家的发展。

韩保江：政府现在是觉得哪些领域需要限制才会去限制，不是过去的那种整体限制，所以我觉得他们都在偷换概念。把有选择的限制简单等同于封建社会的限制，这是非常错误的。

周勇：我虽然从根本上反对限制，但是在目前的情况下，暂时的限制是可以接受的。

一句话总结：

袁岳：我觉得咱们今天受到的限制是自找的，我们对政府希望干好事的期望越高，得到坏结果的可能性越大。

韩保江：我觉得必要的时候需要限制。

章文：我反对一切含有歧视因素的公共政策。

十年砍柴：政府出台的大量禁止性政策，说明了法制文明在倒退。

周勇：抑制需求不是解决之道，只有扩大供给才能够解决根本问题。

毛寿龙：反对自我麻醉，同时反对限制。让城市自我调节起来。

本期编导：学 慧

2. 通往公平的户籍

□ 2012 年 3 月 16 日

户籍制度是中国社会的"痛"。

扫一扫 看本期节目视频

内容提示：3 月 5 日，温家宝总理在十一届全国人大五次会议上指出，要积极稳妥推进户籍管理制度改革，推动实行居住证制度，为流动人口提供更好的服务。就在这之前不久的 2 月 23 日，国务院办公厅公布了关于积极稳妥推进户籍管理制度改革的通知，放宽了一些中小城市的落户限制，在很大程度上解决了一部分外出打工人员的户籍问题。

但矛盾严重激化的北京、上海等直辖市及副省级大城市的户籍问题仍没有解决，有人称，此种限定是在大小城市户籍中分出了贵贱等级，大城市打工人员的权益怎么保护？教育、就业、住房的问题如何解决？户口怎么办？

本期主持人：

闾丘露薇

本期嘉宾：

迟夙生　全国人大代表，著名律师

胡星斗　北京理工大学教授，户籍专家

王太元　中国人民公安大学教授，户籍专家

周孝正　中国人民大学法律社会学研究所所长，教授，社会人口学专家

嘉宾选择：

红方：确实有贵贱等级之嫌

迟夙生、胡星斗

蓝方：不存在贵贱的问题

王太元

白方：中立

周孝正

闾丘露薇：户籍改革只是在一些中小城市里面执行，但是在大家最关注的大城市里并没有推行开来。大家觉得这样的措施是不是把人分成了三六九等？

周孝正：户籍问题是中国的痛，但是要马上改也不行，我们有 2.5 亿农民工，他们干的都是最脏最累的活，拿着最少的钱。他们为什么认同？就因为原来比现在还惨。原来根本就不让农村居民进城来，进来就给你抓回去。我觉得现在的户籍制度不好，但不能急躁地去改革，一急躁就会翻车，欲速则不达。

迟夙生：法律面前人人平等，权利也应该均等，可现在实际上仍然是不平等的。这种政策会让矛盾加剧，虽然先让小城市改革户籍管理制度了，但仍然限制你到大城市去。你想进大城市，就要有更高的文化程度。比如北京，不允许没有北京户口的律师到北京来工作，这其实就是严重的户籍限制。真正的政策应该是让阳光和温暖普照到我们国家的每一个人，无论生活在哪里，繁华的大城市还是农村，大家福利待遇都一样。

国务院的措施

北京理工大学经济学教授 胡星斗

胡星斗：我的观点是，应当立即废除二元户籍制度。中国的某些城市享受了很多特权，如果保留户籍制度，特权就会越来越大，贫富差距和城乡差距也会越来越大。也许有人说，等到城乡差距缩小了，再废除户籍制度。那么我告诉大家，永远等不到那一天。只要有户籍制度在，贫富差距只会越来越大。

王太元：国务院二月份出台的改革措施中有一个说法，叫分层次。我们分了六十年，还得分一阵子。如果说这算是歧视，那么改革是歧视，不改革是不是也是歧视？你把北上广放开，真的能够让六亿农民挤进北京来享受市民待遇吗？这也是不现实的。虽说大家都想阳光普照，但是法理依然要通过行政和社会管控来实现。我们不可能永远走大家绝对贫穷的道路，因此分层次的考虑是一个自然的经济现象，不是主观歧视。

闾丘露薇：我们让北京的观众来谈谈户籍对于他们日常生活

的影响。

红方观众A：影响挺大的，比如购房，北京市对外地人有限购令，这就特别不公平。

闾丘露薇：你工作五年，有连续五年的交税记录，应该就可以了吧。

红方观众A：但是将来房价会涨啊，五年后谁知道还买不买得起。

白方观众B：我是北京人，我想说做北京人也挺难的。北京房价这么高，我们也一样买不起房。不是说有了限购令，我们就能买得起房了。我觉得主要问题是资源分配不公，跟户籍制度没有关系。

蓝方观众C：我说一点，外地的小孩在北京上学需要交择校费，一学期下来要比北京本地孩子多交一倍甚至两倍的钱。

王太元：大家注意不要受胡老师的诱导。城乡差距不是户籍造成的，而是户籍背后的教育制度、就业制度、住房制度等等。

胡星斗：但是二元户籍制度是根本，有了这个根本，才有了二元教育制度、二元医疗制度和二元土地制度等等。

王太元：错了，户籍制度只是门卫。给每个人都发一个北京户口，你以为就公平了吗？那是开玩笑。择校费不光是北京的外地人要交，本地人一样要交，如果要读好学校，五万十万多的是。所有的这些不公平，都是因为他们滥用户口制度来分配社会资源。

胡星斗：所以我们主张废除户籍制度。

王太元：错了。

胡星斗：目的就是促进二元制度一元化。

王太元：废除了以后身份证还是会被滥用。

胡星斗：谁搞教育歧视、医疗歧视，老百姓可以去起诉他。

王太元：胡老师，实现公平是需要工具的，不是说出来的。

全国人大代表、著名律师 迟凤生

2001 年，广东全省居民都是所谓的广东户口，难道韶关的居民和顺德的居民真的就平等了吗？

迟凤生：我举一个比较典型的例子，我的家乡是黑龙江省的齐齐哈尔市。我们那就是把所有的城市户口和农村户口合并了，没有区别了。原来生活在哪个县哪个乡哪个村的农民，仍然生活在那里，没有因为他的户口改变了，他就进城里来了。城里人拿着非农户口，也不会跑到村里就变成农民了。户口里边没有二元制，农村和城市没有区别。虽然购房限制依然有，但我们可以想办法变通。你要是想买房子，别说买，你签一个 30 年的租赁合同，一次性付足租金就行了。

闾丘露薇：我们来采访一下著名导演王小帅。

资料：王小帅，著名电影导演，曾获柏林国际电影节

评审团大奖等众多国际奖项，却在2009年北京侦破最大的
倒卖进京户口案时，被牵扯进购买假户口的事件，知名导演
王小帅被户口难倒的事也引起了众多人的关注。

王小帅：这事是由我的一个叔叔而起。我在北京这么多年，
他本以为我是北京人，结果我说不是，他很奇怪，说帮我把户
口调到北京。其实我开始并不在意，可是一听到能够当北京人，
心里面觉得好像地位和身份都不同了，就答应了。我把东西给
他，他两个星期就把所有手续都办好了。我拿着手续到派出所，
派出所看了以后，一点没有疑义。于是我瞬间就变成北京人了。
我不知道哪里出了问题。护照、港澳通行证、身份证，我都拿
到了。没想到过了两年，牵扯进了一个案子。可这错不在我啊，
派出所审定过的，又没有假。结果那两年我连身份证都没有，
哪里都去不了，工作也没法做。虽然我只是一个个案，但已经
可以说明问题了，这背后的整个链条都已经腐朽到了极点。这
种情况下要改革肯定是个很庞大的工程，这个不是我能操心的
了。我只能提供我个人的切身体验，希望每一个中国人都能有
尊严地活着。像温总理说的一样，活得有尊严，活得有安全感、
幸福感。公平地对待每一个人，这样我们才会因为我们是中国
人而感到骄傲。

周孝正：小帅说得到位，背后有一个链条，光取消户口制度
是换汤不换药。公平正义不能只是空话，比如刚才说的教育制度
问题。1977年8月8号，邓小平召开座谈会，俗称七七八八会议，
恢复高考、尊重知识、尊重人才。这好不好？1200万人考大学，
一条分数线。

王太元：那是公平的。

迟夙生：这种做法确实是头痛医头，脚痛医脚，越是这样做，

嘉宾：周孝正
中国人民大学教授

这件事是**2001**年中国入世的时候

中国人民大学 周孝正

就会有越多的学生想到北京来读大学，因为北京有更好的教育资源。怎么解决这个问题呢？既然人才都往北京挤，那么我们为什么不能把好的大学放到边远的城市去？

王太元：像你说的，我们平均每一百平方公里办一个小学，每一千平方公里办一个中学，每一万平方公里办一个大学，这样就行了吗？从经济学角度看，结果只能是平均贫穷。

资料：继国务院办公厅通知出台后，迅速打破全民户籍壁垒的呼声越来越高，但也有不少人提出反对意见，表示要理性看待渐进式户籍改革，观点称在当下无论呼声多么高，期望全面打破户籍壁垒都是不现实的冒进想法。究竟渐进式改革是不是户籍改革的必经之路，我们能接受这样的厘米式进步吗？

第二次选择：

红方：户籍改革的渐进式是必经之路

　　　王太元

蓝方：可以直接取消户籍

　　　迟凤生、胡星斗

白方：中立

　　　周孝正

　　红方观众D：我觉得无所谓，我在北京工作还挺稳定的，没有很多问题。

　　周孝正：那是因为你还年轻，将来有了孩子，要上大学，你就知道了。

　　迟凤生：户籍制度迟早是要取消的，因为如果不取消，发生了人身伤害事故的时候，赔偿标准都不一样，这就确实把人分成了三六九等。现在，不同城市的赔偿标准不一样，同一个地区的农村和城市也不一样。刚才那位年轻人到北京来，可能刚开始觉得很好，但是他以后要谈恋爱，要生孩子，孩子入学的时候他可能就会遇到种种困难。

　　王太元：本质不是取消户口。

　　周孝正：是国民待遇的原则。2001年，中国入世的时候向国际社会承诺，我们中华人民共和国也要采取国民待遇的原则，用老百姓的话来说就是不能欺负人。实行国民待遇原则的困难在哪？不是户籍问题，而是人性。改变户口就能改变人性，可能吗？唯一能做的就是权利监督，权利到哪监督就得到哪，必须让权利在阳光下运行，这是关键。

　　闾丘露薇：又讲到政治体制改革了。

周孝正：对，这是关键。二元户籍制度当然得取消，因为那玩意儿就是欺负人。

王太元：户籍二元制体现在生育政策、教育政策、就业政策、社会福利政策、医疗政策、住房政策以至殡葬制度上，一系列社会制度中都存在着计划经济时代的种种不公平。广东当时取消了二元制，老百姓大呼上当，我们都有居民户口了，可还是当初的农民，没有任何变化。但是，2003年以后变化就有了，农民的孩子读书不要钱了，农业税不交了，农村合作医疗也起来了。

周孝正：我是北京人，我想买农村的房子。北京市大气污染，农村相对好一点。但不允许。原来是农民不能进城，现在城里人还不能变农民。

王太元：周老师，你想从城市到农村去，我坚决反对，不准你去。当年城市生活好的时候你在城里，现在城市的发展机遇你

中国人民公安大学　王太元

拿到了，然后农村的休闲条件好你又想占。

周孝正：恰恰相反，农村苦的时候我上农村插队种了10年地，现在农村好了，北京污染严重我就又回去了。

闾丘露薇：公民有迁徙的自由。

周孝正：我给你举个例子，刚才讲到在北京买房买车。那是商品，一个统一的国家应该是车同轨、书同文。

王太元：你是说不要北京户口本了，大家都拿一个中国户口本，就不会有这个问题了，是不是？

周孝正：我同意你刚才的观点。

闾丘露薇：你应该明白确实有歧视的东西在里面。

王太元：我们遵循的是中华人民共和国的法律，这里面没有一个涉及地域歧视的。

闾丘露薇：但现实中存在。

胡星斗：很多的行业都有。

闾丘露薇：我们来看一个网友调查，听听民众的心声。第一个，户口的重要性在将来会有什么变化？ 46.4%的人觉得会越来越不重要；第二个，户籍是解决一切社会福利和发展机会的前提吗？有46%的人觉得不是；第三个，是否支持社会福利和户籍脱钩？有47%的人支持。我想我们讨论户籍问题，归根结底是希望资源能公平分配，不会因为户口问题影响人生发展。

王太元：我想说一点，今后的制度起码要满足四个条件。第一，公民安全不受威胁，这是必须要有的；第二，无就业歧视；第三，社会医疗等福利有保障；第四，住房问题、灾害救济、贫困救济、养老等等问题要解决。户口和其他权益应该脱钩，只要不涉及利益分配，就不会有二元制、三元制。否则即使取消户口本，用身份证，或者其他标准，依然难以消除歧视。

一句话总结：

迟夙生：人人平等。

胡星斗：以智治国。

王太元：改革需要公允探讨，公众齐心。

周孝正：公正在人心。

本期编导：张 靳

3. 赴港产子——生的冲动?

☐ **2012 年 2 月 17 日**

生育自由是第一自由。

扫一扫 **看本期节目视频**

内容提示：2001 年 620 名，2006 年 16044 名，2008 年 25268 名，2011 年 43000 名，十年数量飙升 70 倍，如今香港每出生的两个婴儿中，就有一个是内地孕妇所生，医院床位紧张，奶粉价格飞涨，香港孕妇走上街头游行抗议，港人政要频频发声明，要求控制内地孕妇来港，但如此情形依然抑制不住内地孕妇井喷般的赴港热情。

赴港热情的背后是香港完善的社会保障，宽松的签证政策，还是内地居民在计划生育下难以压抑的生的冲动？

本期主持人：

闾丘露薇

本期嘉宾：

余 斌　社科院研究员

叶廷芳　前全国政协委员

杨支柱　前中国青年政治学院副教授

90

程恩富　中国社会科学院马克思主义研究院院长
袁　刚　北京大学教授

嘉宾选择：
红方：愿意赴港生子
　　杨支柱
蓝方：不愿意赴港生子
　　程恩富、余斌
白方：中立
　　叶廷芳、袁刚

闾丘露薇：如果你有条件的话，你愿意在香港生孩子吗？

程恩富：你到香港去生，我认为首先会对香港人民生活水平的提高以及就业、环境、交通等等方面带来一系列问题。

叶廷芳：目前在大陆没有条件生两个，我会选择去香港，但不是为了去抢饭碗，纯粹是为了这个可能，生了我把孩子带回来。

闾丘露薇：所以你中立，你只是想多一个孩子而已。那有没有想过，现在有很多孕妇，会有其他考虑，比如有一本特区护照、香港身份证，未来可能旅行或者接受香港公共教育的话，其实比北京这些大城市要便宜得多？

叶廷芳：我不会往那方面考虑，要是往那方面考虑，我会选择加拿大、美国或者澳大利亚。因为香港人口密度已经够大了，我不会再去挤同胞。

袁刚：当然在香港生孩子呢，会有各种福利，香港现在的情况比大陆好，但是我们大陆现代化的建设，这几年来也在飞速发展，是吧？广州的 GDP 很快就会超过香港，所以我觉得没有必要那么短视，也不见得说香港以后就一定很好。

　　闾丘露薇：父母一般来说不会想那么遥远，对吧？父母就觉得我的孩子马上要生出来了，我现在就要给他做一个决定，到底是拿哪里的户口。您为什么选择中立呢？

　　袁刚：就是说我觉得这是一个短见，但是我也尊重，去哪生孩子是他们自己的选择。

　　N女士（境外产子独立调查人）：香港我有去过几次，那里的私家医院就是普通房间，大房间的条件都相当好，产科非常人性化。但是，我们这边可能一个大房间，大家都挤在一起，别说隐私了，医生都没有这种意识。在北京，我的孩子上小学，面临着高额的赞助费。外地人在北京，本身是弱势群体。在北京是为北京做贡献的，反而在各方面受到不平等的待遇。你看公立学校的孩子，我不在这个小区住，或者说我在这儿买了房子，我也需要交一些赞助费。有些好的学校我选择不了，因为只要本地孩子。

北京大学政府管理学院教授　袁刚

否则，为什么有本地和外地的说法？

闾丘露薇：所以有外籍的话，你还能去国际学校。

N女士：对呀，有更多选择，只要有钱就可以。那么我没钱，又是外地户口，在北京真是很难很难。包括我身边的一些朋友，他们也是这样想的。我们知道有北京市的户口确实是不错的，假如说放开，北京跟香港一样，如果孩子在北京的一个医院出生了，孩子将来是北京人，那我相信肯定也会挤爆。北京有很多的资源啊，教育啊，各个方面条件非常好，我也想让我孩子得到更好的教育。去香港、去美国，也是想孩子将来会有一个好的发展。那为什么不跑到穷山沟里去生，送他一个户口也不去。我想，可能也是个体方面的原因，社会问题对于个人来说有点大，那么在享受生育权的时候肯定不会想那么多。我生孩子会不会对社会造成更大的负担，他将来会不会犯罪，引起社会问题？都不会想，只是简单地想要一个孩子罢了。

闾丘露薇：我们先来听听一位当事人的现身说法。您好，能不能跟我们讲一下，您是什么时候让您的太太去香港生孩子的？

W先生（香港双非婴儿父亲）：2011年的12月份，通过中介的朋友介绍过去的。

闾丘露薇：看到眼下香港的那些孕妇们走上街头的时候，你是怎么想的？

W先生：对于去香港生小孩，不是完全抢占资源或者教育。如果说是想融入当地社区，在当地接受教育然后在那儿工作，这是对香港的一种贡献。如果不准备融入当地，就只是在出生这一个阶段会占用资源，而且这种资源也不是白占的。

N女士：这段时间不是报纸上也在说嘛，我们了解了一下，到目前为止大概有17万儿童是在香港出生的，实际上在深圳的这些孩子，有一些的父母是在那边居住的，或者说是由于生了孩子

双非爸爸：我们不免费占资源
港人为何意见这么大
或者抢占教育　对于当地

赴港产子生的冲动采访双非爸爸

之后，把房子买到了深圳，这种情况的数量大概是一万多。那么这一万多个孩子，到底会对香港政府造成多大的影响，其实我们大概也能猜到。

闾丘露薇：对香港的教育局来说很开心的。因为很多学校都要关闭了，有了这些新出生的孩子，这些学校又活了。

N女士：对。

闾丘露薇：但是对于医院来说就麻烦。我有好几个同事，不管是公立医院、私立医院，都很难找到床位。

N女士：对于香港的私家医院来说，因为是商业机构，所以非常受内地孕妇欢迎。最近几年香港私家医院的内地孕妇爆满，床位不够用，但之前，他们有的医院产科是关闭的，不接受服务，为什么？因为香港本地民众的低生育率嘛，大家不愿意生孩子。

人人网友：香港现在的本土居民，生育率平均不到一个孩子。

这意味着，他们的下一代要减少一半，大概每过三十年，香港本土人口就要减少一半，这非常可怕，对于香港的未来是毁灭性的打击。

程恩富：如果香港需要新的劳动力，那么大陆可以提供各种类型的劳动力。科技人员、教师、廉价劳动力都行，大陆可以源源不断地提供。

闾丘露薇：好的，谢谢，我们下面请教一下陈弘毅教授，因为他当时也是基本法起草委员会的委员。请他来给我们解释一下，父母即使不是香港居民，只要他们的孩子是在香港出生的，他们就拥有永久居留权。

陈弘毅（香港大学法学院教授、全国人大常委会香港基本法委员会委员）：1990 年全国人大通过了《香港特别行政区基本法》，1997 年开始实施。第 24 条其中有一部分提到，只要是在香港出生的中国公民，那么他们就是香港的永久公民，享有居港权。后来香港特区立法机关，制定了一条法律去限制第 24 条，如果有中国公民在香港出生，还要看他的父亲或母亲是不是香港居民，如果只是内地来香港旅游的，短期在香港居留的，虽然他在香港生了孩子，那么这个孩子是没有香港永久居民身份的。但是到了 2001 年，因为庄丰源案，诉讼到香港终审法院。终审法院裁定，涉及内地来港生子的居港权问题的立法，被认为违反基本法 24 条的规定，所以后来特别行政区政府立法机关修改了原来的法律。

闾丘露薇：陈教授，我想你也留意到，最近关于双非孕妇双非儿童的争议。其实其中还有一个说法，内地很多民众，他们会拿出一个理由，当年是你们的终审法院自己要这样裁定的，现在又跑出来说不公平，这不是当时你们自己做的选择吗？您怎么看？

陈弘毅：这个主要是香港的立法机关和政府，对于第24条的看法，同香港的终审法院的看法不同。但是香港政府要遵守法院的判决，所以2001年到现在，每年从中国内地来香港生孩子的妇女的数目都有所增加。香港政府也允许他们入境，然后在香港的公立医院或者私立医院申请分娩。

闾丘露薇：好的，谢谢陈教授。可以看到关于双非孕妇的问题，特区政府其实是蛮被动的，因为法律在那。通行证的审批权其实也不在特区政府，而是由各地的公安部门、公安厅发出的。可能唯一能够阻截的，就是在过关的时候。但是我们现在也知道进入香港的方法很多，所以要拒绝他们入境，也是非常难的，甚至有的时候涉及人道问题。所以请教一下各位，你们觉得这个问题该怎么解决？

袁刚：这个问题好解决，提高价钱，市场经济嘛。去香港生孩子，确实是基本人权，香港也是中国领土。

程恩富：但是如果提高价格来解决这个矛盾，那又涉及你刚才讲的基本人权的问题，有钱的人就可以去了。

余斌：但是比如说他没有钱，但又真的到香港去了。

闾丘露薇：他去公立医院，按照公立医院的要求是不可以见死不救的。

余斌：对，你不可以见死不救，提高价格就没有意义了。

袁刚：这是个别案子。

余斌：只要有一例成功了，人就会变多。

袁刚：穷人往那边跑，这种情况是很少的。

闾丘露薇：还蛮多的，所以才会有公立医院的孕妇上街，有钱的孕妇也不会上街。大家可以去私立医院甚至选择去香港，去国外生孩子。现在说到真正影响的，其实是中等收入或偏下的民众。他会觉得我本身的公立医院的福利没有了。

程恩富：因为公立医院的数量是有限的，床位也是有限的，所以内地的人要过去，肯定会挤了别人的福利，这是非常浅显的道理。到香港去生，比在内地生的优越性要大，对个人有好处，主要是这个理由。

闾丘露薇：对这些父母，可能很多都没有想好到底是为什么。其实有一部分纠结该去哪里生孩子的父母，看到身边很多的人这样做了，可能就会很着急。

叶廷芳：我理解和支持香港当局制定相关的法律法规来抑制大陆的同胞到香港去产子，不然香港十几年后会不堪重负。而且，在大陆也造成了一种新的不平等，弱势群体会感到眼红——他有这个条件，可以到好地方去。

闾丘露薇：所以，专家的意思就是，大家要曲线生孩子的话，就跑远一点，不要到香港去，干脆就到美国去吧。

《赴港产子生的冲动》节目视频

　　N女士：我曾经接触过这个行业，对赴港生子也了解一点。现在，赴港生子政策比较严了之后，确实去美国和加拿大的人会多一些。她觉得现有的条件下，内地和美国、加拿大有很大的差距。另外一点是对未来的预期、福利，还有很多便捷，包括待遇方面。也有一些是出于亲戚朋友有可能是在美国，希望孩子在那边出生了是美国公民，那么孩子长大了以后呢？父母双方也有移民方面的需求，等于是曲线移民。生孩子就是一举两得吧。还有去美国也不难，曾经去过美国的话，新签证已经刚刚出台了，就是说在上次签证四年之内，可以免面谈。很多人害怕跟签证官面谈，那么现在这种政策出来之后，很多客户都动了这方面的心思。美国生孩子这块儿费用也不是太高，住的普通一点的话，可能十五六万就差不多了。孩子出生，跟他父母在哪是没有关系的，所以没有双非这个称呼，只要我这个孩子是在美国境内出生的，我就属于这个国家。

　　闾丘露薇：我还想再问问刚才那位爸爸，你们通过这样一个中介公司，大概花了多少钱？

　　W先生：15万左右吧。

　　闾丘露薇：15万，我想问您一个比较遥远的问题，可能等孩子长大之后，会有一个身份认同的问题。就是说，他到底是哪里人呢？您有没有想过？

　　W先生：我们想，如果能够融入香港的社会中，包括文化啊，教育啊，那就在香港或者周边发展。如果不能，在北京或者我们这边也挺好的。

　　闾丘露薇：其实我想大家非常关心的是，因为您的孩子是在香港出生的，如果他在内地继续读书的话，上公立学校可能会有点问题，因为他不是本地居民，有很多城市已经出了这样的规定，公立学校是不收非本地户口的孩子的，您有没有考虑过他未来的教育问题？

W 先生：这的确是个麻烦。但是，相对于添一个孩子所带来的家庭愉悦，或者说是对于社会的贡献，这些问题或者麻烦，都是小的。

闾丘露薇：我明白了，您这个孩子是第二胎？

W 先生：是的。

红方观众 B：这位爸爸想去香港生二胎，实际上涉及中国香港和大陆一个政策，如果大陆人口政策改变的话，我想这个情况也会随之改变。我更赞成通过改变大陆人口政策，来缓解香港的压力。

余斌：如果大陆放开生二胎的话，还有很多想生二胎的人，会觉得我一个孩子在大陆，有中华人民共和国内陆的户口，还有一个孩子有香港的户口，可能会更好。那样，反而会造成更多的大陆孕妇去香港生孩子。

袁刚：目前的情况来看，到香港生二胎的还是比较多，就是为了逃避大陆的计划生育政策。

闾丘露薇：我们还是来看一段资料，这跟我们下一个话题有关。大家已经争论了好久，每次讲到境外生孩子的问题都会提到。

资料：面对内地居民井喷般的赴港热情，网络中全面放开二胎的呼声频起，但全面放开二胎就能缓解内地居民赴港产子的热情吗？无限制二胎又会给我们的社会带来何种矛盾，计划生育实行了 30 年，它又应做何种变动？

第二次选择：
红方：支持开放二胎
　　叶廷芳、袁刚、杨支柱

蓝方：不支持放开二胎
余斌、程恩富
白方：中立

程恩富：国际上所有的生育组织和人口组织，都发表声明指出，人不仅有生育的权利，还有社会责任，所以没有什么绝对的权利。最近，美国总统奥巴马针对国际舆论说了一段话，有人认为中国经济发展速度很快，他说得对，中国经济发展速度是九点几，但是人均发展速度低于我们美国和日本，什么原因？就是基数太大。

叶廷芳：2007年，我在全国政协提了一个关于取消独生子女政策的提案，这个提案在人民网上做了统计，72%的人赞成我的观点，20%反对。

经济社会发展研究中心主任 程恩富

袁刚：刚才程老师反复说挤占资源这些问题，其实人本身就是一个资源，我们国内三十年的经济发展和我们人多，以及人口红利是有很大的关系的。人多，创造的财富也多。那么，如果说到资源的话，可以看看日本的资源、台湾地区的资源，台湾地区只有 3 万多平方公里，日本才 27 万多平方公里，也就相当于我们一个省，人口一亿三千万，经济还是发展上去了。

叶廷芳：大陆人口密度最大，但是这几十年来经济发展也是最迅速的。

余斌：这里面有两个问题。一个是人口压迫生产力，一个是生产力压迫人口。谈生育问题都是把它放在很孤立的角度来看的，那么我们中国现在大力发展劳动密集型产业，为什么？就是因为人口压迫生产力，我的生产力不能提高，提高的话就有很多人失业了，必须发展就业率高的，低附加值的劳动密集型产业。所以，只要中国没有摆脱低附加值劳动密集型产业，就会人口过剩。另外还有一个问题，叫生产力压迫人口，就是随着附加值高的产业的发展，它必然会要求更少的人，来创造更多的物质财富，这个时候它对人口是有很大压力的。我们在金融危机之前，准备搞一个土地流转政策，后来金融危机来了以后停了，为什么？因为一失业，沿海的劳动力全赶回农村，如果说土地流转继续搞下去，或者是未来还要再搞下去的话，他们是回不到农村去的。这个时候中国的贫民窟将普遍爆发出来，如果这时候还放开二胎，问题只会更严重。所以，我们考察人口问题的时候，要考虑中国未来三十年科技、经济的进步。就是刚才程老师说的，要考虑人均增长率，怎么能够赶上美国、日本。

闾丘露薇：我们请教一下杨支柱，为什么赞成放开二胎，你跟我们分享一下。

杨支柱：为什么要生二胎呢？我觉得孩子在经济条件允许的

情况下越多越好。

闾丘露薇：但是，我因为采访过你，所以知道违反了政策的话，很多时候会比较惨。工作没有了，账号被冻掉了。

杨支柱：我不认为我违反了什么法律，计划生育法上面没有任何地方说生孩子是违法的。它说生孩子要缴社会抚养费，那就是说，希望你像用了电一样要交费，交费恰恰证明这个行为是合法的。

程恩富：这个本身就是非法的，只是我们考虑到尊重人权。

杨支柱：程老师你这个是信口雌黄，法律上没有这个事。我们讲，中国13亿人口，每年出生1300万的话，那么假如多一倍，出生2600万。我们只是在13亿人的基础上增加了10%的人口，只是降低我们生活水平的十分之一。但是到这些孩子成年以后，我们养老的劳动力增加了一倍。

程恩富：这是废话，自原始社会末期，生产的东西总是比消费的多。关键是人均的生活水平要不要日益接近发达国家，如果不接近，中国现在有30亿人口也没有关系。我们吃得差一点，人均住房面积不要增长那么快，就行了嘛。问题是，30年计划生育少生了4亿人，才有我们今天的人均城乡生活水平的大幅度提高。如果现在每个家庭，像我们家有四个小孩，如果我现在再多四个小孩，那我和父母的生活水平会如何？

叶廷芳：我们国家在20世纪50年代到现在人口增加了1.5倍，但是我们的粮食是增加了3倍多。

一句话总结：

程恩富：倡导少生快富的精神，较快地提高香港和内地人的人均生活水平。

余斌：少生优教，提高民族素质。

叶廷芳：一条政策如果破坏人的精神生育平衡，后果严重。

杨支柱：生育自由是第一自由，因为他不仅仅是父母的自由，也涉及胎儿的生命。

袁刚：即刻停止计划生育，国家才会有前途，人民才会有幸福。

本期编导：赵 勃

4. 涨时代下的民间账本

□ 2011 年 2 月 26 日

物价飙涨几时休？

扫一扫 看本期节目视频

　　内容提示：要问时下网络创作最历久弥新的题材是什么，回答无疑就是"涨"字，种种生活必需品，现在却样样都让人承担不起，更不用说那摸着天的房价，每每牵动人的神经，却又只能望"楼"兴叹。一个"涨"字连续两年当选年度关键词，物价到底怎么了，房价是否还能回落，我们的生活会更好吗？

本期主持人：

曾子墨

本期嘉宾：

温元凯　著名经济学家，南洋林德投资顾问有限公司董事长

林楚方　资深媒体人，《看天下》杂志前执行主编

章　文　资深媒体人，《中国新闻周刊》编委

周　勇　《财新传媒》评论员

嘉宾选择：

红方：物价上涨对生活的影响并不大

　　　　章文

蓝方：中国物价的上涨以及到了无法承受的地步

　　　　周勇

白方：中立

　　　　温元凯、林楚方

曾子墨：先来看看观众的看法。

白方观众A：大家都说生和死是个问题，涨与不涨也是个问题。我们老家，四川巴中那边，房价已经涨到了4000。大家都在买房，整条街就成了一个寡妇街，男的在外面打工，女人在家里带孩子。但在平川那种地方没有工厂，这是件很恼火的事情。农民一夜之间变成了城里人，但没有收入，面临无法生存的情况。

曾子墨：问问红方的观众，你们没有感受到通胀带来的变化吗？原来的消费水平和现在的有什么区别吗？

红方观众B：肯定能感受到的。

曾子墨：但是还没到承受不起的地步？

红方观众B：怎么讲呢？我在房价只有200到300块一个平方米的时候建了1000多平方米的房子。所以你越涨，我房子的价值 越高。

曾子墨：所以您是觉得越涨越好。

红方观众B：不是，我当然还是希望降下来，但不会因为我希望它降下来它就会降。

曾子墨：这儿有一份很特殊的账本。上海的一对老夫妇，已经80多岁了，他们把55年来的柴米油盐等日常消费都记在了本子上。如今这个账已经记了28本，前25本已经被上海历史博物馆收藏了。我们有幸拍到了其中的几本，大家可以从这些数字的变化当中来看到物价的变化。

资料：金成谟老人今年已经八旬高龄了，他的账从1955年1月1日就记了起来，一直延续至今，整整55年。从这些账本上可以明显看出金老先生收支的变化：1978年时，工资还不到一百元；如今退休20多年了，养老金退休金涨到了2000多元，一个大饼也从5分钱涨到了1元钱。

曾子墨：我们可以看到，1955年的1月，金老先生一家一个月的支出是139.54元，到了2004年8月份涨到了951.30元，到2010年9月份上涨至2393.40元。买的东西没什么变化，但是花的钱越来越多了。比如在2010年12月，他们买20斤大米要花费45元，而在10个月之前也就是2010年的2月份，买20斤大米只要36元。看了这样一个账单，大家有什么样的感受？

蓝方观众C：我去蛋糕店买蛋糕，以前是3块钱的现在都涨到5块了。前年北大食堂涨价，闹得沸沸扬扬，大家都说要组团去清华的食堂吃饭。

曾子墨：后来温总理不是说了嘛，食堂不让涨价。

蓝方观众C：对，不过肉就少了。

曾子墨：虽然不涨价，但肉少了，变相涨价了。我想问问几位嘉宾，这两年居民的收入上涨大概是什么速度？能比CPI差多少？还是基本同步？

温元凯：我认为收入和CPI的增长基本上是同步的，不过最近CPI的增速明显加快了。我1997年才从美国回来，当时美国大街上喝一杯咖啡是5毛钱，现在我到美国去喝一杯咖啡是7毛钱，十几年了，从5毛钱涨到7毛钱。如果是在国内，恐怕翻3倍5

倍都不止。

曾子墨：可是，我们看到官方公布的CPI数字没这么高啊。

温元凯：是的，但刚才大家讲的都是老百姓的亲身感受。

曾子墨：所以，有人就说统计局买菜的地方可能和我们不一样。

周勇：他讲的是咖啡的例子，我觉得这叫咖啡指数。前两天还有朋友跟我说过煎饼果子指数，以前地铁门口煎饼果子1块5一个，现在是5块钱一个。

林楚方：CPI是国家统计局发出的，我特别好奇统计局得出的数据为什么跟我们的感受完全不一样。

温元凯：所以，有人提出要求国家统计局公布CPI的组成权重。

林楚方：其实已经公布了，比如今年的房价就纳进这个篮子里面去了。不管怎么说，我相信政府的财政收入增长速度，肯定是远远超过CPI和个人收入的增长速度的。这笔钱收进来必须要

《财新传媒》评论员 周勇

有实用，拿来刺激经济也好，搞基础建设也好，这些钱其实没有任何市场效应，当然会刺激物价。

曾子墨：我们看一下凤凰微博上大家都是怎么评论的。有一条微博说，"京十五条"推动两股价格上涨，第一股是房租，第二股是北京未婚女青年身价。还有一个说，前两天听广播里一个主持人说，据说油价再这样涨，去加油的时候都得这么说："93号，来二两。"其实，这从某种程度上也反映出了大家对于通胀的心态。我想问问温老师，我们国家从计划经济向市场经济转型以后，经历过几次严重的通胀？

温元凯：有过更厉害的，1988年的CPI就达到了百分之十几，最高的时候接近百分之二十。

曾子墨：所以今天还能忍受。

温元凯：应该说4到5都还是属于可控范围，5是个界限，所以现在对5很忌讳。

曾子墨：所以，我们看到1月份是4.9。

温元凯：这叫权重发生变化，但是我们要更多听听老百姓的切身感受。我认为政府应该做到六个字。第一是减税，进一步减低中低收入的税收，某种意义上穷人应该完全免税，中产阶级应该减税，税应该加在富人的头上。尤其是要给中小企业和微型企业减税，甚至完全免税。第二是津贴，低收入农民有粮贴，在美国，领救济的人可以天天吃鱼吃肉，因为鱼和肉很便宜。必须生活品都非常便宜，牛奶绝对要比中国便宜一半以上。第三是红包，给低收入人群现金援助。所以，增加的财政收入应该更多用于民众，改善民众日常生活，而不能只投在譬如高铁之类的东西上。

曾子墨：网上有句话，其他东西涨价都是浮云，房价上涨才是真的涨。我们这还有一份账本，它的主人是北京的一个居民，账本里记录的是他们家房屋价格的变化，我们一起来看看。

资深媒体人林楚方先生

《看天下》前主编 林楚方

　　资料：北京居民川子，母亲是北京王府井烤鸭店集团的老职工。80年代分房，他们家在朝阳门竹竿胡同分到了一个8平方米的小屋，90年代老房子被拆了回迁，川子一家又在原地以每平方米2700元买下了一套不到60平方米的房子。2001年，因为有急用，川子以4000元一平方米的价格卖了它，本以为低价买进，高价卖出，已经是赚了一笔，可没想到没过几个月，房价便开始飙升，从六千到八千再到一万二，一直往上涨，到现在，川子的这套旧居需要六万元一平方米才能买到。

　　曾子墨：今天川子也来到了现场，刚刚你说你心态其实挺平和的，看到这六万元你还平和吗？

川子：我都生完气了。

曾子墨：生气的时候心里是什么状态，跟我们讲讲。

川子：反正觉得够倒霉的。

林楚方：你能不能跟人好好说说，再原价卖给你。

川子：没戏，我跟你说还得涨呢。当时真的觉得赚了，现在生气管什么用？反正那时候得意了，也救急了，往后爱怎么着怎么着，跟我没关系。

曾子墨：你现在住哪儿呀？

川子：我在南城租了一个地方，开了个小酒吧，十多年了，也一样过。一人一命，把自己心态调整好，有哥们一块喝点小酒就知足了。今儿个有钱咱喝茅台，明儿喝不起茅台来二两93号的也行，哈哈。

曾子墨：你心态特别好，但是有一部分年轻人肯定会抱怨的。有的会说，我从上大学的时候就想着怎么样挣钱买房，房价涨一块钱都胆战心惊。现场有没有这样的人？

蓝方观众D：我现在还没有毕业，看房价涨着挺心寒的，觉得以后可能都没地儿住了。后来想想也可以租房，但现在政策出来以后租金也在跟着猛涨，以后租都租不起了。一个月的工资可能交房租都不够。

曾子墨：过去一两年连连出台了许多宏观调控政策，希望能够抑制房价，但是效果好像不怎么样。

周勇：大家都知道房价肯定还要涨，每次调控政策出来以后大家都在想，这阵风一过，房价一定会反弹。

林楚方：政府出台政策是为了抑制"房价过快增长"。

曾子墨："过快"增长？

林楚方：有些地方政府的财政收入主要就靠卖地，土地政策在那，要向中央缴税，但又没有其他税种，只能靠土地。房价降了他们怎么办？

　　曾子墨：现在，请嘉宾和观众们再做一次选择，您认为在政府的宏观调控下，房价是否会继续上涨？

第二次选择：
红方：**房价会得到抑制**
蓝方：**房价依然会上涨**
　　　温元凯、林楚方、章文、周勇
白方：中立

　　红方观众E：我觉得房价在20年内绝对会降下来，目前肯定还会涨。

　　章文：为什么是20年？

《中国新闻周刊》编委　章文

红方观众E：因为房价是炒出来的，如果中小城市发展起来了，流动人口就会减少。

曾子墨：好多人依然不愿意去中小城市。为什么北京、上海、广州房价这么贵，因为大家都愿意留在这？

章文：即便是中小城市发展起来了，到时候还有大量的农民会涌进城。你考虑到这一点没有？

红方观众E：老年化速度加快之后，中国的人口会减少，会出现房多人少的情况，所以说房价会降。

曾子墨：你为我们勾画了一幅非常美丽的蓝图。

周勇：你说20年内房价会跌，在座的人还有多少个20年？

蓝方观众F：我觉得房价还得涨，因为需求多，"80后""90后"都需要房。

温元凯：我也相信房价还会涨。就我们单位来说，很多年轻人工作5年或10年都还住在集体宿舍里，条件甚至还没大学宿舍好。

曾子墨：为什么屡屡出台政策，但房价就是不能达到我们的期望值呢，这里面有什么问题？

温元凯：我认为出台的大部分政策都没有打到点子上，也就是土地价格。政府只要把土地价格降下来就解决了。我刚从南非旅游回来，大家都知道南非黑人白人差不多一半一半。我注意到南非黑人的生活条件其实挺差，住在铁皮房子里，但是水费、电费全免。政府盖了很多曼德拉公寓，非常小，只有二三十平方米，水费、电费也全免。这就是政府真正为穷人做的事。我举几条，大力度开发廉租房；引导年轻人的买房需求，刚走上社会不要急着买房，到了三五年以后有了一点积蓄才考虑，而且开始一定要买小房。所以，我们最近提出要在中国大量开发超小户型公寓，大约15到20平方米的样子。我大学毕业和老婆结婚的时候，当

著名经济学家北京南洋林德投资顾问有限公司董事长　温凯元

时政府分给我们一个只有 9 平方米的亭子间，一样住了十来年。

曾子墨：今天的年轻人住 9 平方米的亭子间就娶不到老婆了。

林楚方：他刚才说的观点我基本同意，但是你说政府的政策没有打到点子上，我要替政府辩护一下。其实政府也很难，没有办法，税制没法改革，土地财政问题也很难解决。

章文：其实主要问题是，经济发展是为了使国家富强还是为了让人民生活得更幸福。近 30 年来的经济发展都盯着 GDP，拼命保 8。我们做的一切实现了国富。

资料：2008 年，深圳的一家楼盘找到正在酒吧驻场的川子，出高价请他写一首楼盘的宣传歌曲，川子欣然答应，可他在一番仔细研究之后心情却变得极不淡定了。这个叫"幸福里"的楼盘居然开价四万块钱一平方米，而朋友告诉他，这样的价格在深圳还只能算中等。最后，川子还是写出了这首叫《幸福里》的歌曲，可是在歌曲中他没有宣传这个有着美好名字的楼盘，而是唱出了一句句的无奈与追问。

川子《幸福里》歌词：

离幸福不远的地方，我想就是这儿了，他有一个很好听的名字，叫幸福里，四万多一平方米。我每天赚钱很努力，花钱也很小心，可是要住进这幸福里，需要三个多世纪，我买不起。我有一个多年的老邻居，不知怎么就搬进这幸福里了。他们到底是哪儿来的那么多钱啊，我很生气，真的很生气，我很生气，真的很生气。幸福他在哪里，不在这幸福里，四万多一平方米，跟我没关系。幸福他在哪里，不在这幸福里，四万多一平方米，跟我没关系。幸福他在哪里，四万多一平方米。房子卖得太贵啦，我买不起啊。幸福他在哪里，不在这幸福里，四万多一平方米，跟我没关系啊。幸福他在哪里，四万多一平方米，房子卖得太贵啦，我买不起啊。

曾子墨：我想问问这首歌被采用了吗？

川子：没有。

曾子墨：我还在想说哪个开发商这么大的气魄。

川子：但是这首歌也确实起到一定的作用，反正那帮人知道有这么一个地方了。还是有很多人买得起的，是吧？我生气归生气，那是我没本事。买不起难道就有理啦？

曾子墨：其实，我们每个人心中可能都有一个"幸福里"，我们都想住进属于自己的"幸福里"，但毕竟现在房价太高，又处于一个通胀的时代。我想问问现场观众，你们怎么应对这个"涨"字？

蓝方观众G：我的想法是宁要大城市里的一张床，也不要家里的一栋房。我会比以前更加大手大脚地去花钱，30 岁之前挣的钱每一分都花在刀刃上，为将来的发展铺平道路。30 岁以后才可能实现大房子、豪华车的梦想。

曾子墨：非常清晰的人生规划。我在网上看到一个网友的想法和您完全不一样，她说自己以前不会存钱，但是现在彻底改变了想法。因为她觉得现在 26 岁，40 岁退休，活到 80 岁，就是说未来的 14 年赚的钱要够退休后 40 年的生活。我想问问温元凯先生，在这样一个通胀的时代，我们应该怎么理财？

温元凯：首先不要轻易把钱放在定存上，因为现在的 CPI 超过了银行利率。最保险的理财方法就买债券基金，它基本能走过 CPI 的，没有太大风险。也不要轻易炒股，大部分人都是赔的。虽然股票的收益绝对会高于一般的理财，但是风险很大。另外就是要注意投资组合，不要把鸡蛋放在一个篮子里。当然买房也是理财，30 年来最大的投资收益来源于买房。我非常赞成刚才那个年轻人说的，30 岁前花钱培养自己赚钱的能力，这比任何存钱方式都好。

一句话总结：

章文：不要跟风，清醒点。

温元凯：多读一点《富爸爸穷爸爸》这类理财书，战胜 CPI。

周勇：通胀如虎，推进整体改革，打虎。

本期编导：学 慧

5. 楼市是否已到松绑时？

□ 2012 年 3 月 14 日

到底应不应该买房，什么时候买房才是最佳时间？

扫一扫 看本期节目视频

内容提示：两会召开前，一股为楼市松绑的"上书热"悄然而起，不少开发商希望借助两会的代表委员渠道，呼吁对楼市调控松绑。与此同时，从佛山到成都，再到芜湖、上海等地，分别出现了各种为房地产调控松绑的迹象。开发商们要求松绑的呼声应该得到支持吗？

本期主持人：

闾丘露薇

本期嘉宾：

陈宝存　全国房地产经理人联盟副秘书长

范小冲　阳光 100 集团常务副总裁

杨少锋　北京联达四方地产经纪公司总经理

全　亮　K8 黄金湾副董事长

贺　铿　香港特区人大代表，香港立法会议员，全国人大代表，
　　　　九三学社第十二届中央委员会副主席

杜　猛　北京大学房地产发展研究基金中心副主任

易宪容　社科院金融专家

嘉宾选择：

红方：目前的房地产政策应该松绑

　　　　陈宝存、范小冲、杨少锋、全亮

蓝方：不应该松绑

　　　　贺铿、杜猛

白方：中立

　　　　易宪容

闾丘露薇：支持松绑的占了多数，易先生你先来说说为什么选择中立？

易宪容：这个很简单，中国房地产市场要不要松绑，这本身就不是问题。2008年金融危机之后，政府采取了一系列过度优惠的政策，导致中国房地产泡沫太大，房价抬高，经济两极分化。所以，现在松绑中国房地产市场，松的是什么？难道要我们的房地产市场回到2008年？

范小冲：实际上"房价松绑"这个词很模糊，我觉得房价应该是由市场来决定。从这个角度讲，应该松绑，让它回归到真正的市场中。

全亮：我觉得要解决房价问题，应该改革财政制度，平衡地方预算，然后消除土地财政。其实我们真正的利润就是那么一点，拿地拿得早可能会好一点。另外，我觉得应该进行土地制度改革，让新的土地进入市场。

闾丘露薇：我们听听反对政策松绑的两位嘉宾的看法。

贺铿：从政府工作报告来看，房地产调控现在处于一个关键

117

阶段。已有的政策就不能随便动，目前是不可能松绑的。房地产有泡沫，任何人都看得到。泡沫形成的原因很多，如果不坚持调控去掉泡沫，经济就会很危险。

杜猛：我非常支持贺老师的观点。为什么说不能松绑呢？我们经过一段时间的调控，达到了预期的目的，房地产泡沫已经挤出去了一大部分，已经让快速上涨的房价得到了控制。这是事实，说明调控是有力度的，中央政府的决心很大。既然调控达到了目的，为什么要松绑呢？

杨少锋：房地产出现问题，不单是开发商的责任，还有很大的责任在政府。房地产这块蛋糕政府和银行拿的是大块，开发商所占的也就30%。现在呢，政府和银行的蛋糕不动，没人提政府和银行怎么让利。2011年末，全国房地产贷款的余额10.67万亿，乘以当年的基准利率，银行从房地产这一行业拿走了7000个亿，

KO 黄金湾副董事长 全亮

这一部分你让不让？至于开发商剩下的30%，即使让出一半的利润，房价也只有45%的下跌空间。

易宪容：房地产市场为什么能够高利润，它的出口在哪里，这是核心所在。贺主任刚才讲的后面那个问题是核心，如果没有出口，不让你提高房价，土地炒得起来吗？炒不起来！

闾丘露薇：对于房价为什么居高不下，刚才易先生的理由是有需求，因为民众觉得有投资的价值。有很多人觉得在中国内地，炒房是比较保值的一个做法，当然现在好像也不太保了。大部分网友认为是地方政府的不作为，导致房价居高不下，还有是因为投资渠道有限条件下的资金炒作。作为房地产商，你们怎么看？

全亮：现在中国人的投资渠道实在是太少了，全民炒房，以至于推动房价上涨。其实房价真正的决定因素，应该说是资源的预期而不是供求比例。

陈宝存：炒房究竟应不应该禁止？现在，北京有多少人在租房子住，是不是所有的城市人口，包括大学生都是背着房子来北京的？我觉得投资房产是完全合理的，根本就不该刹住。

贺铿：房地产弄成现在这样，政府有责任。

陈宝存：这一点我赞成。

贺铿：原因呢，第一是追求GDP。房地产作为支柱产业，是为了迎合了政府GDP的需要，出这个政策的时候我就不同意。第二是后来尝到了甜头。土地转让金居然是这么大一笔钱，越来越带劲了。

贺铿：官员不应该插手政府采购和招拍挂的问题，这个由市场去做，你只负责监管。这一点要真正做到了，这个问题也就解决了。

杜猛：我一部分支持他的观点，房地产问题上，政府有责任。但大家不要忽略一点，中国的城市人口住房率高达70%，世界第一。

我们的居住条件得到了空前改善，这些是政府的功劳。

贺铿：这个数字有一点问题，现在绝对没有解决70%的住房问题。

杜猛：即使50%也是世界第一。存在问题我主张去解决，但是我们现在形成了一个思维定式，有问题好像都是因为政府无能。

贺铿：你这个观点我倒赞成，百分之百赞成。

杜猛：只要政策不退市，北京的房价突破我们的期望值是完全可能的。

杨少锋：我认为等不到那些"地王"都打五折亏本卖房的那一天，因为到了这一天，整个房地产市场就完蛋了，买到的也是烂尾楼。

第二次选择：

红方：大家可以放心去买房

　　　　范小冲、杨少锋、全亮

蓝方：还是有风险

　　　　贺铿、杜猛

白方：中立

　　　　陈宝存、易宪容

闾丘露薇：那么，大家觉得今年房价是不是能够回归到一个比较合理的水平。眼下是应该积极入手房市呢，还是说依然有风险，不必急着买房？

陈宝存：我认为实际上买房的最佳时间，应该是去年的第四季度和今年的第一季度。要买，但买涨不买跌，这是我的看法。

贺铿：我没有那么乐观。如果说坚持现在的政策不动摇，抓紧房地产税务改革，制定出台房地产税，炒房者要急着出手，这

北京联达四方地产经济公司总经理 杨少锋

个时候我们才可以进去。现在的房价还没有回到一个合理的价位，但合理的价位究竟是多少？没人测算出来。我的看法是跌20%到30%。

杨少锋：这一轮房价下跌跟政策有很大的关系。我举一个例子，北京通州绝大部分楼盘价格已经跌到六成左右。通州跌得是比较早的，但是像主城三环四环，你指望房价会跌吗？北京新的政策出台，三环以内不再批住宅用地，四环以内不批保障性住宅跟公建用地，那三环四环房价会降吗？不会，再调控也降不了。所以，我觉得现在是可以考虑进入市场，但是有一个前提，买房的时候，你要看它现在的价格对比相对高位的时候有没有30%左右的价格空间。

贺铿：我补充一点，说实话，我不希望北京的房价跌太多，我刚才说平均20%到30%，但北京的房价不应该跌得这么多，这是限制大城市人口膨胀的办法之一。

杨少锋：贺老师您说的是个人意愿，我只谈北京的房价，像亦庄有一个项目，原来价格接近两万，春节前一下子抛出九千八的价格。说实在的，如果说它是在2006年以后拿的地，怎么可能降到这个价位，也就是说，现在真正敢降一半以上的，肯定是2006年以前拿的地。

杜猛：杨先生的说法是因为土地价格高，所以房价降不了。但这是成人游戏规则，到降的时候它必须得降，不能因为过去拿的地成本高，就绝不降价，撑不住的时候一定会降。

杨少锋：我认为咱们等不到房价真正大跌的时候。所以我觉得现在大家可以考虑入手，尤其是对于一些深度打折的楼盘，像通州的一些楼，原来两万五现在降到一万二，完全可以买呀，因为它不可能再往下跌了。但是有一些地方楼盘，可能只是打个九五折，那就没必要入市了。

杜猛：杨先生刚才又提了一个观点，就是房价降到一定程度，就一定不会再降了，这个从价格学来讲不存在，只要我们的政策不退市，北京的房价突破我们的期望值，是完全可能的。

闾丘露薇：我们听听房地产商的说法。

全亮：作为开发商，我们当然希望未来房价是往上涨的，因为我们手头有储备地。我觉得土地资源和房产资源长期来说还是稀缺资源，特别是像北京这种地方，所以我看好未来的房价肯定还会上涨。

范小冲：我认为这个购房的窗口已经出现了，机会非常难得。现在调控力度这么大，很多开发商库存充足，资金紧张，有一些企业为了活命，就会打折促销。那么有很多房子的价格，刚才已经说了，已经低于成本了。中国现在正处在城市化阶段，人口快速进入城市，总体而言房子是不够的，但是再期望像过去那样炒房谋暴利，恐怕很难了。所以说买不买房还要看你自己需不需要，有没有能力。

阎丘露薇：说到底，政府现在所采取的措施，到底是在推动房地产市场发展，还是让它更加扭曲，很难说。因为每次有类似的政策出台，大家觉得就是一阵风，吹过了又没了，房价还是在涨。这也就是为什么，政府再有措施出来的时候，大家会有很多反弹的声音。

贺铿：我觉得我们今天讨论的这个问题很有意思，要不要松绑，这是谁提出来的呢？我认为是现在一部分扛不住的人，包括政府和开发商。这是个伪命题，不可能实现。只有调控，让房地产市场恢复理性，而在调控的过程中，还要有几个思想准备。第一，房地产开发商不可能都不倒闭，有一部分倒闭是绝对正常的；第二，因为房地产的调控，我们的 GDP 会受到一定的影响，这是肯定的。

全国人大代表 贺铿

所以我们绝对不能再走依靠房地产和汽车刺激经济，增加 GDP 这条路，危险得很。第三，银行的资金链不可能不出现断裂，要有预案。

一句话总结：

贺铿：让房地产回到民生产业。

杜猛：将房地产调控进行到底。

易宪容：房价回归理性，是市场、政府、民众的选择，谁也阻挡不了。

范小冲：要将保障房同市场分开，保障归保障，市场归市场，保障房是投资拉动，它永远替代不了市场。

杨少锋：房价回归合理，政府和银行应该同时让利给老百姓。

全亮：让房地产回归到市场，由市场来决定房价。

本期编导：高 淼

6. 疯狂的门票

□ 2012 年 4 月 27 日

当旅游成为奢侈品……

扫一扫 看本期节目视频

内容提示：国人不花钱能去的地方越来越少了，徐霞客如果现在出游也只能在景区门口照相走人了。江山如此多娇，门票引无数游客竞折腰，要是徐霞客活在当代，也得先备好门票钱。美慕古人，尤其是徐霞客不用等公休假就能到处玩，还不用付景区门票钱。此情此景，倘若徐霞客在世，不知做何感想。

事实上，连日以来的景区门票涨价风波已经大大触动了市民对门票的敏感神经。统计发现，全国 130 家 5A 级景区近半数非淡季门票价格过百元，其中价格在 100 元至 200元的 5A 级景区占比最多，达到 35.38%。

包括武当山、九寨沟、黄山等 14 个景区门票价格高于200 元。王菲曾在歌里唱到，等到风景都看透，这是多么美好的愿景，可是依照这疯狂涨价的门票，优美的风景是否很快就要变成看不起的奢侈品了？

本期主持人：

闾丘露薇

本期嘉宾：

尚志胜　山东省淄博市周村区旅游局局长

张　红　中青旅度假公司执行总经理

曹保印　《新京报》首席评论员，作家

朱兆瑞　旅行畅销书作家

刘思敏　中国社科院旅游研究中心特约研究员

嘉宾选择：

红方：涨价是合理的

尚志胜

蓝方：涨价并不合理

张红、曹保印、朱兆瑞

白方：中立

刘思敏

闾丘露薇：门票涨价是否合理呢？

尚志胜：我在旅游行业已经是 11 年了，这几年咱们国家为了加快旅游业的发展，吸收了大量的社会资金。拿周村古长城来说，采取招商引资的办法，吸引了大约九个多亿的社会资金，投入到我们的旅游景区。实际政府投入这个景区的资金才一千多万元。对于投资者来讲，他们自己要算账，管理人员的工资需要涨，劳动保险这一块也需要增加，景区的设备要不断更新，同时，还要加大宣传力度。所以说，我认为对有些景区来讲，适度涨一点门票价格还是合理的。

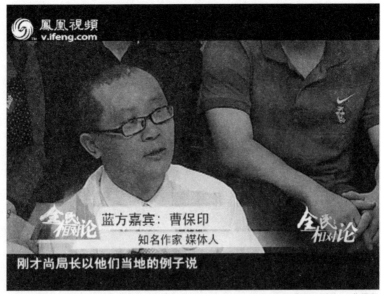

知名作家、媒体人 曹保印

张红：门票涨价应该说给旅行社的工作增加了难度，为了能吸引更多的客人，在价格的透明度这一块上可能会打折扣。

曹保印：我觉得涨价无理，涨价有罪。刚才尚局长以当地的例子说，引进了多少亿的民间资金，可是你要知道周村上百年的建筑，需要谁来保护？不是这些老板，恰恰是政府部门，要把它们作为民族文化遗产给保护起来。在这个基础上，才能考虑旅游开发的问题。并不是说收票有罪，但是为什么涨价，是为了提高旅游品质，还是仅仅为了自己的口袋？

闾丘露薇：刘先生，您是研究旅游问题的，您怎么看？

刘思敏：我尽量比较客观地看待双方的观点。周村说白了是当地人的祖先留下来的，某种意义上讲，可以说是私有财产，涨价能理解。但是老天爷留下来的，比如九寨沟、张家界，不应该随意涨价。另外一种，比如台儿庄，按照市场运作，做成一个主题公园性质的古城，那么他就应该跟欢乐谷和迪斯尼是一个性质的，所以我们要区别对待。

红方观众 A：我觉得门票涨价有一定的合理性。旅游业本身不是公益产业，适度给一些涨价空间，应该是比较合理的。

红方观众 B：如果合理的涨价能换来干净的旅游环境，我非常支持。我担心的是这些钱是不是投资在了景区上。

蓝方观众 C：他们美其名曰门票涨价是因为成本上涨，为了收回成本，更好地管理景区。之前我在网上看到，长城的门票收益 40% 是给员工发工资，40% 给地方财政，只有 20% 用到了本身建筑物的维护。门票涨了以后，究竟拿了多少钱对景区进行维护，这是一件很令人担心的事情。

朱兆瑞：三四年前我去婺源的时候，当时的门票才 20 块钱，今年再去，已经涨到 60 到 80，还搞了一个通票，180 块钱。而且特别高科技，买门票的时候，像申请美国签证似的，还得按手印，因为怕借给别人用。

闾丘露薇：请教一下尚先生，我想知道门票涨价有没有什么机制？

尚志胜：这个要由企业首先提出来，物价部门组织社会听证，经过仔细分析、测算，认为确实需要涨价，然后给予批复。中国门票可能是世界上最高的，这与咱们国家还不是很富强也很有　关系。

闾丘露薇：讲到富裕的问题，我有一次去印度，大家觉得印度应该没有中国富裕吧？但印度景区几乎不收本国国民的门票，但是对国外游客收费非常高。

曹保印：我们是对本国国民高，对外国人更高。

刘思敏：我们现在已经实行国民待遇了，外国游客和中国人票价是一样的。

曹保印：刚才尚老师说举行听证会，物价部门审核，票价就涨上去了。但我们要知道参加听证会的是什么人。是当地人，对吧？当地的景点，当地人很少会去看。票价是针对外地人的。

刘思敏：听证会本身没有决策权，听证实际上跟调研是一个道理。景区成本上涨，地方政府牟利的冲动很强烈，导致门票上涨，这个大家不得不承认。比如说九寨沟在阿坝州的九寨沟县，穷山恶水，以前从成都到九寨沟需要坐12个小时的车，沿着汶川大地震的地震带过去，非常艰难，每年都要死很多人。整个景区的开发、维护，成本很高。如果它的成本是500元，现在收你500，那大家应该同情他，而不是谴责他。

曹保印：按你这种逻辑，他干脆一个人收五万的门票，很快就能把本全收回来。

刘思敏：如果成本只有100，收你150，我们都应该谴责他。你根本不知道问题的实质在哪儿，免费的午餐有，但总得有人买单，不过这个单不能由地方政府来买。

曹保印：但是也不能由我们老百姓来买。

刘思敏：应该由中央政府买，但政府买不了，所以地方政府就变成了保姆、托管。托管就要牟利，他又不是雷锋。再举个例子，就像高速公路，集资修路收费还贷，这是天经地义的。

曹保印：为什么是天经地义的？修路是政府应尽的责任，怎么可能天经地义？高速公路把我们的生活成本拉高了多少，把CPI拉高了多少？高速公路上有多少收费站？为什么中央不严控？

尚志胜：我觉得最重要的是，包括九寨沟，成本都有暗箱操作。

刘思敏：所以关键要公开成本。

尚志胜：我们那个景区是国家4A级景区，门票价格是70元。为什么定70呢？是根据各个景点当时的投资情况，比如每个景点投了多少钱，然后我们报给物价部门，经过审核、听证，得出了定价。

曹保印：这个逻辑不对，假如我投了一百个亿进去，那门票是不是得收一千万？你计划多少年收回成本，收回了之后是不是就可以免费了？

尚志胜：物价部门肯定是有一个测算方式的，不可能投了100个亿要一年收回来。

张红：相关的利益部门更加注重的是短期回报，而没有追求长期的良性的回报。

阎丘露薇：旅游已经失去了它的初衷。本来是让大家放松的，结果变成了一种赚钱工具。

张红：中国的旅游目前正处在从观光旅游向度假旅游过渡的阶段，我们应该要实现景区景点产品的升级。

尚志胜：从我们这个景区的发展历程来讲，去年开始，门票逐步在降。目前，旅游商店、宾馆、饭店等也陆续起来了，随着

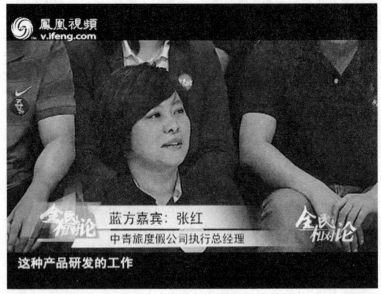

中青旅度假公司执行总经理 张红

功能逐步完善，门票会降下来，吸引更多人去消费。

刘思敏：观光旅游和度假旅游功能不同。观光旅游满足的是人的好奇心，度假旅游着眼于休闲。观光旅游有档次很高的，美国人3000万美金上一趟太空。度假旅游也有非常便宜的，成都农家乐30块钱一天，打一天麻将还包三顿饭，所以说完全是功能不同。你去九寨沟怎么度假，它那儿根本连服务员都找不到。从服务员到高管，全部是从成都、重庆过去的，对他们来说，那里差不多相当于监狱。

闾丘露薇：有一种说法，门票定得很高，是因为中国人实在太多，为了保护景区不得已为之。

刘思敏：这个实际上是有问题的。风景区是全国人民的财产，因为你有钱，你就可以看，我没钱，就被保护了。这肯定是不行的！所以说实际上国家公园制度就在于不会把门票价格作为门槛，成本由中央政府承担，实行门票预约制。你想看，可以，提前预约，当天去可能就不行。

闾丘露薇：我们来看看一个网友的调查。门票太贵，是否会影响旅游热情。有一千多名网友参加了投票，89.2%的网友认为严重影响了旅游热情。

张红：旅游门票的持续上涨和游客的旅游需求，二者之间其实有一点矛盾。从目前我们的数据来看，中高端收入人群的休闲度假旅游以出境为主。他们什么时候能回归国内，取决于国内的旅游环境什么时候能完善。

朱兆瑞：当年3000美金可以周游世界，今天我拿3000美金可能连周游中国的门票钱都不够。

曹保印：门票如此之高，大家都不愿意出行，对推动整个社会的进步也很不利。

朱兆瑞：景区要赚钱，还有其他的办法。不管非洲、南美洲或者大洋洲还是世界其他地方的景点，门票收入其实是小头，卖漂亮的明信片、冰箱贴、T恤衫等很多特色纪念品的收入占很大一块儿。

资料： 与国内景区的票价相比，国外名胜古迹的票价就显得亲民多了。在欧美等一些旅游大国，景点门票价格一般不超过人均月收入的1%。如意大利著名的古罗马斗兽场只需6欧元，美国的黄石公园开车进入为每车25美元，年卡为50美元，且不限进入次数。

这些国家的景区门票收入在其运营费用中占比不大，景点运营主要依靠政府补贴。此外，在旅游发达国家，不少国家级和世界级公园一年四季都免费开放，如著名的纽约中央公园、日本的赏花名地上野公园和富士山、韩国济州岛的汉拿山均不收取门票。而且，韩国所有国立公园从2007年起就开始免费开放。

事实上，免费反而蕴藏着更大的商机。以国内目前最有名的免费景点杭州西湖为例，作为中国首个免费开放的国家5A级景区，自2002年杭州市政府提出还湖于民的口号开始，西湖对游客免费开放已近十年。虽然免费西湖令杭州市每年减少几千万元的门票收入，但其拉动的各项消费却高达百亿元。

但在5A景区门票纷纷迈入百元时代的今天，赚钱的免费西湖还只是一个特例。西湖的免费模式是否适用于所有景区？在中国目前的社会条件下，门票免费是解决景区和游客之间经济矛盾的理想方案还是只是幻想？免费开放景点是否符合实际呢？

第二次选择：

红方：免费开放不切实际

　　　朱兆瑞

蓝方：可以免费开放

　　　尚志胜、曹保印、张红

白方：中立

　　　刘思敏

红方观众D：我前几天刚刚去过杭州，西湖人流之多，我不会想去第二次。我觉得杭州市整个管理非常混乱，整个西湖景区的交通基本上是瘫痪的。如果北京也这样的话，真的能把故宫给挤塌了。

朱兆瑞：我作为消费者，当然希望景区免费。但从另一个方面讲，中国有十几亿人口，我们的愿望是美好的，但实际上做不到。

尚志胜：我认为像故宫这种公共资源型的景点，应该免费对外开放，大家共享。至于说人满为患，那是管理问题。但像迪斯尼这种，完全按市场规则走就是了。

曹保印：我们总是说中国人多，害怕免费以后人满为患，这本身就是一个伪命题，根本没有从实际调查出发。即便故宫免费了，60块钱不要了，有多少人会因为故宫60块钱不要了，从山东、青海专门跑过来？

朱兆瑞：你不要小看60块钱，对您来说可能是小菜一碟。但是您要知道，在北京，光农民工，住地下室的就有几百万人，60块钱对这几百万人来说，不是一笔小钱。

曹保印：正好，不要门票了，这些农民工就有机会走进故宫了，难道不好吗？

朱兆瑞：对于其他景区，我同意根据市场去调节，不能一刀切。我觉得门票的高低，跟距离的远近是有关系的。比如我在北京，如果朝阳公园收我100块钱，我肯定就不去了。但是，如果我到乞力马扎罗山，收我80美金，我花了很多钱从北京飞到非洲去，却因为80美金门票我不进去了，这有点傻。

刘思敏：不说乞力马扎罗山，就说张家界。你是因为要去看武陵源或者看张家界，才有了这次旅行，它是核心吸引物，然后才有交通、住宿的消费。门票钱不过占了总消费的10%到20%，贵吗？景点的成本是一定有的，只是看谁来承担，如果是中央政府，那就是福利，如果是你自己，那就是消费。所以我觉得，起码20年之内，免费是不现实的。

曹保印：那我问一下刘老师，如果我没钱，我穿一双布鞋背一个包，走进张家界，想看看大自然的鬼斧神工，看看我们祖国的大好山河，以此激发我的爱国热情，你不让我进来，行吗？

刘思敏：从公平的角度说肯定不对。

曹保印：不对你就得让我进去。

刘思敏：如果说中央政府把这事儿管起来，你可以这么要求。但如果这个景区在地方上，当地政府承担管理义务，那么他就可以不让你进去。

闾丘露薇：我举个不太恰当的例子，拿海南岛来说，没有门票，但是其他消费不停地上涨，就相当于门票也在上涨一样。

刘思敏：像香港迪斯尼，尽管顾客很多，但它不敢轻易提价，为什么？因为提价之后，假如我们从北京过去，就算它涨价了也肯定会买票，但是会形成一个口碑效应，觉得下次千万不要去了，太不值了。

闾丘露薇：但是在中国有一个问题，这些所谓的商业性景区，都有政府的影子在后面。

淄博市周村区旅游局局长 尚志胜

刘思敏：所以我说景区应该分为三类，第一类就是刚才说的市场型，根据市场调节；第二类是公益性，介于两者之间，可以叫混合型，借助了公共资源。比如说一座山，原来是不要钱的，结果现在你把门一修，投资了，就要收费了。第三类就是应该完全免费的了。

曹保印：把票比作一把双刃剑的话，对于企业来说，像迪斯尼这样的，更多看到的是对于自己有害的一面，而对政府来说，更多是对自己有利的一面。

尚志胜：中国确实也存在这种情况，收多收少无所谓，都交财政，需要维护了，再打报告。所以像这类景点，必须是零票价，完全对公众开放。

蓝方观众E：我赞同中央政府拿出财政资金承担成本，但刚才专家说了，办不到。我觉得如果十个办不到，一个应该能办到吧？

就看政府想不想了。

蓝方观众F：除了为祖国做贡献之外，人活着还有吃喝玩乐四件事情。吃的又贵又有毒，中央政府没有任何能力解决。喝的也一样。所以说我觉得政府有必要让我们玩乐起来，既然吃喝不容易解决，那就让我们玩得快乐一点，政府有这个责任也有这个能力。

一句话总结：

刘思敏：旅游是基本人权，下一个目标是基本福利。

张红：旅游让生活更加美好。

曹保印：穷人热爱祖国山河的权利不容剥夺。

朱兆瑞：用头脑行走，用智慧生活。

尚志胜：欢迎到周村古长城旅游，免费。

本期编导：湛立芳

7. 北京镑

□ 2012 年 3 月 2 日

少数人买奢侈品不算富，多数人不为吃穿住发愁才算富！

扫一扫 看本期节目视频

　　内容提示：2012 年春节，出国观光加血拼购物的魅力，再次拉走了不少中国游客。据英国《每日邮报》报道，富有的中国游客，在英国今年的打折促销季中，消费的奢侈品预计会达到十亿英镑。由于中国顾客消费能力很强，英国媒体基于英镑的概念创造了一个新名词"北京镑"，即为中国人所带来的英镑。北京镑所消费 Burberry、LV、GUCCI 等大牌奢侈品，预计将会占整个奢侈品行业消费额的三分之一，中国人已经取代了俄罗斯人和阿拉伯人，成为世界奢侈品消费市场的最大买家。北京镑现象到底表明我们中国人是真的富起来了，还是一种虚富？

本期主持人：
闾丘露薇

本期嘉宾：
周　婷　对外经贸大学奢侈品研究中心执行主任

茅于轼　经济学家，天则经济研究所所长
欧阳坤　世界奢侈品协会中国代表处 CEO
陈杰人　中国政法大学法制新闻研究中心研究员，公共关系咨询专家
张晓梅　全国政协委员
马光远　经济学家，财经专栏作者
童大焕　时评家

嘉宾选择：
红方：中国人真正富起来了
　　　　周婷、茅于轼、欧阳坤
蓝方：中国人是虚富
　　　　陈杰人、张晓梅、马光远
白方：中立
　　　　童大焕

闾丘露薇：首先请问一下欧阳坤先生，你了解的中国游客在欧洲市场的消费情况是什么样的？

欧阳坤：中国去年全年在欧洲的奢侈品消费总额是 500 亿美金，而且这个是根据欧洲主要商业区和奢侈品门店的退税单和游客的护照登记来统计的，还有一部分顶级消费者是没有退税的，加上这个数据，金额还会更大。

闾丘露薇：我们这里有一份表格，根据这份表格，我们可以看到中国人春节期间在各个地区消费的比例。最高的是欧洲，占了 46%，接下来是港澳台，北美的消费占了 19%。

茅于轼：很明显，中国是国家富老百姓也富。这个所谓的富当然比不上日本和美国这些国家，但比三十年以前要富十几倍了。所以，这种富不是虚富，而是真的富。但是，这是一个总体的数字，

经济学家　马光远

从财富的分配讲，还是有很大问题。富人太富，穷人呢，应该说比过去富了，生活比过去改善了。所以，总体上说富是没有问题的，但是分配比较不公平，这是我们要解决的问题。

周婷：根据一些机构的研究数据，中国现在大概每 1400 个人里面，就有一个千万富翁，还有一些隐性富豪。其实，中国财富人群的数量，对整个中国经济的发展，包括消费，能否真正地拉动内需，起着至关重要的作用。20% 的人掌握了 80% 的财富，他们也引领着整个市场 80% 的走向。

陈杰人：我不太赞同刚才茅先生和周女士两位的观点。实际上，现在不管是从总体的数量，还是从相对比例来说，中国穷人特别多。以亿计的人还没有达到温饱线，中国实际上真正能够消费得起奢侈品的，也是极少数中的极少数。这难道能称之为是真正的富吗？

　　马光远：其实奢侈品跟老百姓没有多大关系，更跟民富没有多大关系。没有哪一个经济学家脑残到拿奢侈品的消费，来判断一个国家究竟富不富。我们现在人均GDP还在100位左右徘徊，我们却说民富了。

　　茅于轼：全世界穷的国家多得很，但现在我们至少有几千万辆私家车，这是事实。当然，这个事实也不能否认还有很多低收入的人。我刚才讲了，中国低收入的人也比过去有改善。那些人过去是吃不饱的，曾经一连三个月饿肚子，现在没有了。这个数据不是我说的，是世界银行做的调查。

　　童大焕：中国人拿来消费的都是真金白银，这个毫无疑问，是不可能存在什么虚富之说的。但不是民富，或者说又有点虚，因为有可能我们80%的财富是掌握在1%的人手里。而且，在这个发展过程中，很可能掠夺了资源和底层的民众，不是以共富的形

经济学家 茅于轼

式来发展的。我担心的是持续性问题。

闾丘露薇：有网友说，在免税店里看到疯狂扫货的中国人，但平时都不是大款，很多时候其实都是自己省吃俭用，好不容易省下来的钱，所以要大买特买一番。另外一位网友说，国内进口产品价格，动不动就是国外的几倍，如果不是这样，大家也不会跑到国外去买了。我想他带出了这样一个问题，为什么大家都要到国外去买东西呢？

陈杰人：我们要分清楚在海外购买奢侈品，到底是消费性购买还是投资性购买。其中有一部分人是发现海外的价格远远低于国内，哪怕他自己不需要，也愿意在那儿购买。买回来之后可以转卖，或者是用别的方式来体现它的价值，这不是消费性的购买。

马光远：我买衬衣，在国内买的话都是国产的贴外国品牌的商标，两千多块钱，跑到美国去发现只要20美金。如果大家对这个没有任何反应，那是有问题的。所以，中国奢侈品的消费，处在青春的冲动期，各种各样的病症都是有的。

欧阳坤：我来总结一下。第一，国内外价格差异比较大。第二，国内外的款式有所不同。很多人花了同样的钱，在国外可以买到新货，在国内却买的是旧货。第三，有仿冒品或者水货，直接点说，很多人是害怕买到国内的代工品。在国外买，能够保留原汁原味。我觉得这是主要原因。

闾丘露薇：有人说，"北京镑"这种说法很丢人，好像中国人都是暴发户一样。对于这个，大家觉得是一种光荣，觉得中国人富起来了呢，还是觉得这确实挺丢脸的？外国人认为中国人都是暴发户，不知道怎么花钱。

蓝方观众A：毕竟人家有钱了嘛，可以去消费这些东西，有这个能力。我不觉得有特别贬义的意思。

马光远：我觉得无所谓丢人不丢人，毕竟买得起，这起码是

蓝方嘉宾：张晓梅
全国政协委员
经常发表一些言论和观点

全国政协委员 张晓梅

一件好事。奢侈品消费也没必要大说特说，好像在炫耀什么，它很中性。毕竟我们还有很多生活问题没有解决，这个事你要说丢人我没觉得丢人，但是要说不丢人吧好像又有一点。

闾丘露薇：我们说的很多所谓奢侈品，在国外其实是日用品，很大程度上是因为价格问题。当然跟收入也有关系，这个问题有没有什么解决办法？

欧阳坤：我觉得大环境没法改变，很多中国人喜欢出去买东西。既然不能马上拉回国外的消费群促进内需，那么我觉得就应该反过来，鼓励国内的奢侈品消费。通过政策，环境调节，市场均衡，把国内的各种奢侈品消费稳定下来。重要的是减小价格差异，这个要从关税上去调节。另外要和国际上的货品同步，不让消费者觉得：国外的就是比国内的要新，国外的品牌服务肯定就比国内要好，国外就一定没有假货而国内假货很多。我们一定要从各个环节上去调整，让消费者心理平衡，觉得在国内买也可以享受同样的服务和货品，这样才可以解决根本问题。

周婷：为什么欧洲的货品没有对美国市场产生很大的冲击？因为美国政府对欧洲市场有限制，欧洲的这些奢侈品出口到美国，价格不得高于当地扣税以后的价格。所以，政府加强税费调改的同时，还有一个很重要问题要解决，是不是应该从国家的根本利益上来考虑。

张晓梅：我从三个方面来说。第一，当然是税收；第二，对国产品牌的支持和政府的倾斜；第三，也就是现代人的价值观的问题。我们每个人，都要用财富来体现生活价值。当财富、名利已经不足以体现价值的时候，什么才是一个人真正的社会价值？

　　资料：在大批有实力的消费者涌向国外消费的同时，还有一批更有实力的人，把私人财产转移到了国外。胡润研究发布的一份《2011年中国私人财富管理白皮书》中披露，中国半数千万富豪准备移民出国。中国财富向海外转移，已经形成了一个新的"北京镑"流出的巨大浪潮。那么，我们到底该不该限制民间财富的外流呢？

第二次选择：
红方：**应该限制民间财富外流**
蓝方：**财富可以自由流动**
　　　　茅于轼、童大焕、马光远、陈杰人、欧阳坤、周婷、张晓梅
白方：**中立**

闾丘露薇：我们来看一个环球网的调查结果，可以看到，差不多八成的人认为要加以限制。因为他们享受了好政策，却没有

承担应有的社会责任。

茅于轼：我赞成人和钱自由流动。当然，从我们国家的利益来考虑，我不希望中国的钱跑到国外去，相反我们希望外国人的钱到中国来，比如外商投资。那么，为什么我赞成自由流动呢？在财产得到保护的情况下，钱会流动到最有生产效率的地方去，这对所有人都是有好处的。

红方观众B：茅老讲的我很赞成。资金流动对整个社会都有好处，但是我们反对什么？反对那些把钱转出去，搞移民的那种人。当然了，有些人，可能像茅先生说的，觉得不安全；但有的人，钱来得不明白，他害怕。我觉得你到美国或者其他国家去搞房产地，去投资，没有什么不可以的。但是，对于那种怀着鬼心眼搞移民的人，政府应该有相应的措施。

童大焕：我想说的是，人类的财富再分配有几种形式。第一种形式就是古代那种，改朝换代，把富人给杀了，财富平均给穷人，穷人马上就富了，这是短暂的。第二种形式是税收，但是我们发现，在投资型政府下，税收不是拿来分给穷人的，而是用在投资上了。所以，它永远不够，收再多的钱都不够。第三种形式是慈善，慈善也要基于自愿。第四种形式是奢侈品。过去我们的有些政策是不对的，比如说坚决遏制豪宅房产，限制别墅用地。其实，别墅用地用的根本不是老百姓的，大多是在郊区。有钱又有闲的人才能住得起。干吗限制呢？我举个例子，印度的首富，在贫民窟里盖了一栋房子，花了上百亿。但是他单单雇的维护房子的人，就有六百多个，相当于这六百多个穷人，跟他一起享受这种富裕的生活，还创造了就业机会。我们很多理念都是错误的，一直想着去限制富人，而不是如何去保护富人的财产。他们的财产受到保护，有安全感，他们是会留下来的。

闾丘露薇：我想这里应该不仅仅是保护富人的财产，而是每个人的私有财产都应该保护。

马光远：其实我们已经在限制了，各种法律法规，很多。但是，在有限制的条件下我们境外消费依然这么厉害，如果未来真的放开了，可以想象会是一种什么状况。所以，有时候我觉得欧洲和美国都非常愚蠢，完全可以张开双臂来欢迎中国人。

闾丘露薇：美国已经放宽了签证，但问题是我们这边好像卡得比较严。

马光远：他们完全可以对中国免签，在有限制的情况下消费增长都这么快。我觉得中国也很愚蠢，让有钱的、优秀的人都跑了。我去年写了一篇文章叫《盛世移民潮》，这在中国历史上是没有出现过的。中国历史上出现移民潮都是在乱世，比如说1949年的时候，紧接着"文革"过后。

闾丘露薇：1978年改革开放时也有。

马光远：改革开放是因为大家担心改不好，到头来一场空，也算是乱世移民。但这一次就非常奇怪，所以应该引起我们反思。

闾丘露薇：你认为现在是盛世，但在有的人眼里不是这样。

马光远：至少官方定义这叫盛世，经济增长很好，老百姓的日子越来越好，自由和权利越来越多。但是，为什么还是有那么多人走了呢？

陈杰人：我认为可以用两个不字来解释。第一，关于是否应该限制的问题，答案是不应该；第二，即便要限制，也不可能。为什么说不应该呢？作为私有财产的所有者，完全有自由支配的权利。为什么又说不可能呢？因为已经有这么多限制的条款在了，依然有那么多人出去，实际上这种限制是没有意义的。现在，我们回到奢侈品的话题上来。真正出去买奢侈品的是哪些人？是那些即便有限制也没有太大作用的人，如果真的要限制的话，还是那些可怜巴巴的穷人们倒霉。

世界奢侈品协会中国代表处 CEO 欧阳坤

红方观众：听了几位专家的发言，我想说明一点。原来我们的政策，是让一部分人先富起来，先富带动后富。现在先富起来了，却没有带动后富，而是把大量的财富转移到了国外。我们的企业家，他们信仰的是什么？我接触过几个民营企业家，他们眼里就一个字——钱。这个问题是很严重的，不是限制有没有意义的问题，而是必须限制。我承认，可能现在国内投资环境不佳，投资渠道狭窄等等，但这只是改革中的问题。我们要在改革中解决，而不能走极端，卷铺盖走人。我觉得这不是我们民营企业家和富人们应该做的事。

欧阳坤：回到奢侈品的话题中来。中国人出去购物，第一个原因是价差，价差怎么限制呢？第二个原因是货品更全面。中国奢侈品货品不全，又怎么去限制呢？我们应该从内部去调节，慢慢改善这种环境，消费者心理环境变了，消费就回来了。完全通过限制是不现实的。

童大焕：我们其实应该拐一个弯去思考问题。为什么会有这种情况？恰恰应该归因到富人身上。我们转个弯，限制政府的权利，不让你去干预私营企业的发展，贪官污吏自然会减少。同时富人也会很有安全感，根本不需要出去。

周婷：我要补充一个观点。不应该限制财富外流，政府应该加强对国内市场的调控，这是一个疏和导的过程。

一句话总结：

周婷：盛世中国，健康发展，品位消费。

张晓梅：符合自然运行规律，回归自然本性。

茅于轼：能创造更多调节。

陈杰人：奢侈品问题是中国社会问题的缩影。

童大焕：把权利关进笼子，让财富自由流动。

欧阳坤：搞活流通，促进国内外消费和谐。

马光远：少数人买奢侈品不算富，多数人不为吃穿住发愁才算富。

本期编导：高 淼

第三章 社会伦理

1.追尾的"公子范儿"

□ 2011 年 11 月 25 日

"公子"就是暴露在公共媒体之下的败家子？
"公民"比"公子"更具社会时代感。

扫一扫 看本期节目视频

　　　　内容提示：李双江之子驾驶无牌宝马车打人一事余波未尽，近日又有网友爆料称，去年12月底被称为京城四少中的二少王烁与王珂发生撞车纠纷，王烁将枪支指向了驾驶套牌奥迪A6的王珂，随后还撞击其车辆导致起火。目前，王烁因涉嫌非法持有枪支弹药罪和故意损坏财务罪被公诉至法院。泡女星、斗气撞车甚至非法持枪，是什么让公子们如此有失风范？

本期主持人：

　　李　　鸣　现任凤凰视频原创业务总经理、凤凰全媒体研究院执行院长。曾于 2002 年获全国广播电视主持人"金话筒奖"。在网络视频行业率先建立起了原创业务模式，推出了《全民相对论》、《说给孩子》、《老家》、《斗味》、《又来了》等四十多档原创节目，屡获大奖。节目还输出到多家内地卫视，以及台湾中天、新加坡、马来西亚等电视台播出。

本期嘉宾：

张耀杰　中国艺术研究院研究员

石秀印　中国社科院社会学所研究员

侯　宁　社会学者

章　文　资深媒体人，《中国新闻周刊》编委

王锦思　凤凰名博

柳　松　清华大学教授

嘉宾选择：

红方：公子这个概念是个褒义词

　　　　柳松、王锦思

蓝方：公子这个概念是个贬义词

　　　　章文、侯宁

白方：中立

　　　　石秀印、张耀杰

李鸣：这两天公子们很忙，新闻领域里边公子们的事儿很多，人们开始在讨论一个问题，这个"公子"它到底是褒义词还是贬义词？在场的观众有谁看到了这样的新闻？

红方观众A：最近在人人网上很火爆，好像排到百度热点人物搜索第一位，王烁、王珂好像是前两名了。

红方观众B：小孩啊，从小就不能惯着他，惯大了就是害他。

李鸣：看来您想得更远啊！这公子出事儿了，不光是公子的事儿，还是公子他爹的事儿。

也是赋予了一些其他的色彩

财经评论员，职业投资人 侯宁

白方观众 C：他们认为他们富人自己有资本可以那样，但是我们平民不能接受。现在有两种人嘛，一种穷人，一种富人，所以我中立。

李鸣：68.8% 的凤凰网友和人人网友认为他们太狂妄，长期优裕的生活和地位使其目中无人；也有觉得他们素质低，缺乏知识、文化、道德涵养；还有网友则认为是因为没有人管，社会对他们缺乏约束。柳松兄，对于这些很忙的公子们，我们其实也挺担心的。最近，中国有很多的好词儿它们的社会地位岌岌可危，那么"公子"这个词儿呢，现在看来也有点危险了。但您认为它还是个褒义词，说说您的观点。

柳松：自古以来，"公子"就是一种尊称。公子应该具有良好的道德行为规范，具有良好的自身素质修养。他们有较高的社会地位，同时也成为这个社会关注的一个焦点，他们的行为、思想会引领着这个社会潮流的发展。所以，我认为"公子"这两个字本身并没有错，错的是我们往往把一些不该称为"公子"的人称为"公子"。

李鸣：词儿没错，人有问题。

王锦思：我认为，在这个时代，再称呼"公子"是中国人封建意识还残存的流露。这个词就像我们说"小姐"一样，已经变味了。以前的"小姐"，她也是正面的一种尊称，但是由于一些职业把这个词给丑化了。

侯宁：说某个人是个"公子哥"，一般来讲是吊儿郎当不务正业的社会形象，就像刚才锦思讲的"小姐"本来是一个非常尊敬的词，张莺莺是吧，丫鬟尊称她小姐。到现在是给赋予了其他一些色彩。我觉得，像"公子"或者"公子哥"的贬义性，可能比小姐还要强。

章文：我们现在是讲究追求平权社会了，世界大势是这样，民主、平等、法治，这个时代再来提这个"公子"是一种倒退。

李鸣：耀杰兄和石老师很坚定地坐在白色区域，为什么对这个选项保持了中立？

张耀杰：现在所谓的"公子"其实是富人家的孩子，这是一个价值混乱的表现。但是，它本身的原始价值并没有那么多的贬义，至少是中立词，甚至是褒义词。所以，这个是比较复杂的概念，我还是采取中立。

石秀印：这个"公子"我认为到现在应该有三类，一个是官员，一个是老板，另一个是高级知识艺术人士。有权利、有资金、有知识，这样的背景下，刚才那位同学说这就是资本这是资源，但是这个资源，我认为它是有两个方向的，一个是好的使用，一个是坏的使用，前者你就真正成了一个"公子"，后者你就是个"公子哥儿"。

李鸣：大家伙儿刚才提出了一个概念，"公子"和"公子哥儿"

可能不太一样。关于"京城四少",大家是在怎么样的新闻里看到他们的故事?

红方观众D:汪小菲是"京城四少"里面最知名的一个,因为他是俏江南张兰的儿子嘛,他跟大S结婚也是闹得沸沸扬扬。

红方观众E:从娱乐新闻上看到的,尤其是那些影视明星,都和他有联系。

蓝方观众F:微博上看到的。

蓝方观众G:我也是在微博上看到的。

李鸣:我们的编导在搜索引擎里边,搜索了"京城四少"这个词儿。

资料:我们通过互联网搜索引擎搜索"京城四少"发现,百度百科里关于"京城四少"的解释为,内地有不少喜欢和女明星传绯闻的富二代,其中几个年轻帅气的被戏称为"京城四少"。同时,我们用这几位公子的名字搜索,关于这几位公子的新闻报道,大多是与女明星、逃车等关键词紧密联系在一起的。

李鸣:今天出现在我们的眼前的这些公子们,他们给我们看的都是这样的故事,你们觉得今天看到的这些人是公子吗?

柳松:叫"京城四少"更合适一些,本身"少"和"公子"是不同的,"少"顾名思义就是多少的"少","少"字本身就有不足之意,他们很年轻,在某些方面是有不足的。那么针对这些不足,我们更多的应该给予宽容和理解。如果您讲别人的故事讲多了您就是名嘴,如果您的故事被别人讲多了您就是名人。所以,他们为什么要去泡女明星或者说是被女明星泡,换句话讲他们更愿意生活在聚焦灯下,更愿意把自己暴露给大众,更愿意成为这

清华大学 柳松教授

个舆论中心的焦点。

侯宁：这儿的"京城四少"所谓汪汪王王，这是大家带有贬义地起名"京城四少"。实际上，李天一犯的是一个娇惯了的孩子犯的很普通的一个错误——打架斗殴，但是他处罚得很重：被拘一年。

张耀杰：我觉得不重。

侯宁：这样的事儿为什么会引起大家激烈的反响，什么样的社会矛盾让大家对刚才石老师说的有权的、有钱的还有所谓的高知等一系列掌握社会资源的人有这么大的怨气，这才是我们真正需要探讨的一个问题。

王锦思：就是因为社会不断的需要，我们对这些名人的要求越来越高，因为他们暴露在众目睽睽之下，暴露在媒体之下，公众的期待显而易见就会更高。

红方观众H：管他是"少爷"也好，还是"公子"也好，如果你像希尔顿那样个人生活淫乱、道德败坏，只要你不危害公共的安全，这都没问题。他们已经侵犯到公众的利益了，而我们完全没有办法制约他。所以，在这种情况下，民愤就非常的积怨，才会在网络上炒得沸沸扬扬。如果你只是自己糜烂，那跟我们没有任何关系，我们也不感兴趣。

柳松：印度做过一个调查，在动物园中，象群中成年的大公象被偷猎的人射杀了很多，小公象的攻击性就非常强，因为没有大公象引导它的行为、制约它的权力，所以小公象在半成熟期的时候，它的攻击性远比雌雄比例和谐的象群中的小公象要强得多。换句话讲，我们今天讨论的四少，正是那些缺乏了监督的小公象，用他们锋利的象牙去攻击别人。

李鸣：柳松兄给了一个解答，家庭上面缺少监管或者说缺少引导。

柳松：缺少榜样。

李鸣：石老师，您觉得咱们这么讨论完"公子"之后，这几个年轻人够不够标准？您觉得什么是真正的"公子"？

石秀印：我觉得这不是一个个人的悲剧。

李鸣：大家把视野拉到古代，咱们不妨看一看古代的"公子"。

资料：在中国历史上，许多时代都有四公子，战国时魏有信陵君，楚有春申君，赵有平原君，齐有孟尝君，他们出身世家贵族，礼贤下士，广招宾客，积极参与和操纵当时的国家政治，在战国时代，留下了浓墨重彩的一笔。

明末四公子，陈贞慧、侯方域、方以智、冒辟疆，此四人出则忠义，入则孝悌，爱宾客，广交游，风流倜傥，冠绝一时。

特约评论员　王锦思

　　以谭嗣同为代表的清末四公子，他们虽为重臣之后，但都洗去了自己阶级中人常有的骄矜纨绔之气，而谭嗣同更是为维新变法慷慨赴义，并留下了"去留肝胆两昆仑"的绝唱。

　　民国时期的四公子，张伯驹、袁克文、溥侗、张学良，他们出身豪门，大都热爱琴棋书画，具有深厚的文化底蕴和积淀，在中国近代史上颇为引人注意。

第二次选择：

红方：中国今天有"公子"存在

　　　柳松、王锦思

蓝方：中国今天没有"公子"存在

　　　章文、侯宁

白方：中立

　　石秀印、张耀杰

　　王锦思：我是这样定义"公子"这个词的：暴露在公共媒体之下的败家子。

　　柳松："公子"是我们民族文化风骨的一种遗传，他们构成这个社会更多的是社会的道德底线，是一个民族的脊梁。正是因为这些正义"公子"的存在，才反衬出了这些不好"公子"们的一些不光彩。所以，今天依然有"公子"，而且好"公子"会比坏"公子"多。好事儿不出门，坏事儿传千里，很少有别人会夸奖某人家的孩子做了一件非常好的事情，往往是不好的事情容易被传播。在这种情况下，我认为"公子"还是有的，好的还是比坏的多。

中国社会科学院研究员 石秀印

李鸣：这事儿有意思了，我听出来了，你和锦思兄虽然全坐在红色区域，但你们俩对公子的概念完全不同，同台异梦。

章文："公子"的概念还是我刚才在开头说得像旧社会那种，出身比较高贵，然后自身修养极高，又有社会善心的这些人。现在我不认为它有，也不应该有，没必要。

石秀印：我认为这个"公子"应该有，比方说：知识公子，道德公子，情怀公子。我认为像谭嗣同他们，应该算"情怀公子"，是为国家拼天下的人，在英国来说也叫贵族，并不是说你有一个号就行了，是关注社会长远的、稳定的、繁荣的这一帮人。我们需要这种人，也不能说现在社会上没有这种人，还是有的。

章文：有很多是继承父辈奋斗的精神，走出自己的路，事业上也做得很精彩，这些人也是有的。

张耀杰：和漂亮的女人、娱乐明星、交际花整天混在一块儿的那些风流男人，成为大家关注的中心的人也叫"公子"，四少就是这样的。

石秀印：我们不能脱离它的现实情况来看这个问题，"仓廪实而知礼节，衣食足而知荣辱"，一个人的家庭环境、家庭背景、家庭教育，对孩子的影响是非常大的。

红方观众 I：我觉得随着传统文化和道德的回归，中华的传统礼仪文化都是以德内华于心的，通过内部修德外部行礼，我想还是会恢复的，"公子"迟早会恢复到历史上这种有显赫有名望的一个地位。

石秀印：我觉得义理对这些公子从长远、整体上是没用的，到现在为止，中国这个社会的问题或者是一个困境还没有解。

李鸣：章文兄，我有一个反思，咱们是媒体人，这两天看到一个评论，说"世无英雄使庶子成名"，怎么突然之间这些每天上娱乐头版的公子哥儿，就成了大家关注当中的少公子，是不是哪出了什么问题？

章文：咱媒体病了。

张耀杰：以娱乐八卦为第一。

章文：对，在这个商业时代，我们媒体为了吸引眼球，将社会责任感放在其次了。所以，在这样一个价值观的指导之下，狗仔队整天就捕捉这些耸动的新闻：明星、八卦、色情、暴力。

李鸣：媒体热衷于去报道这个，肯定是媒体揣测自己的观众愿意看啊。

章文：对。

李鸣：我想可能对于我们媒体人来讲，我们可能需要好好考虑一下。

章文：这是应该反思一下，这个，我觉得，是一个国家价值观的问题，"公子哥"这个现象的爆发，说明这个病已经非常重了。

侯宁：讨论"公子哥"这个问题，本身就说明中国是一个祖宗崇拜非常强烈的社会。中国社会的现代化进程任重而道远。

李鸣：这也就是我们今天为什么想在这个"公子"的现象里边找到一些价值去传递。

石秀印：我们渴望社会的公平，渴望社会的正义，我们附加在"公子们"身上的期望值太高了。

侯宁：我觉得其实节目之后不应该再"公子"，我们应该谈论"公民"，怎样来做一个现代公民，应该要倡导这个概念。

李鸣：章文兄，您觉得咱们刚才又历史又现实对比了半天，"公子"也罢，"公民"也罢，有哪些范儿是应该通过我们这期节目传递下去的。

章文：我是希望"公民"的含义能够在这个时代大行其道。我觉得，所谓"公民"，首先要守法，另外有社会责任感，最后要坚决捍卫自己的权利，这些概念才是应该在今天大力去普及的。

张耀杰：这些人只要不犯罪，有公民意识，不制造恶性事件，至于八卦新闻那是你私人的事情，大家喜欢看也是大家的事情，这个世界总要有一点颜色，让大家议论一下。

章文：不能说是借这个现象，把整个富家子弟或者官宦子弟全部一下子打倒，这也太偏激太绝对化了。

石秀印：我预计可能就是这些干部群体里边更可能出现优秀的有情怀的"公子"，农民工那辈要想出"公子"的话，一般的来说，得经过三四代、四五代的发展，到最后他有了充分的文化、道德、情怀的积淀，才有情怀知识分子。

一句话总结：

石秀印：我们社会需要精英，我希望以后不再是"公子"，它是一个平等的、普遍的，带有社会情怀的这一部分精英。

张耀杰：公民万岁，特权可耻。

侯宁：不做公子，做现代公民。

王锦思：中国的现代化之路，到目前为止依然任重道远。

章文：这个四少他们自己本身要自律，还有一点就是女明星什么的也要自爱，不要成为富家子弟的工具。

柳松：只有我们的父母亲做好自己的榜样，才能够教育出来更好的、遵守社会公德的、有社会责任感的好的公民。

本期编导：黄 鸣

2. 身边的陈水总

□ 2013 年 7 月 1 日

当前所有社会都不完美，个人走到绝路拉他人垫背，
是从普通人迈向恶魔。"实名制"治标不治本。

扫一扫 看本期节目视频

      内容提示：2013 年 6 月 7 日 18 时 22 分，福建省厦门市一公交车在行驶过程中突然起火，大火造成 47 人死亡，34 人受伤。经公安部认定，此次公交起火是一起严重刑事案件，犯罪嫌疑人陈水总被当场烧死。一时间公交车纵火案，陈水总及其个人遭遇，成了社会舆论关注的焦点。

      网友纷纷发表看法，有人认为陈水总的行为是反人类的恐怖行为；也有网友认为，陈水总既是施害者，也是受害者，觉得他既可恨又可怜。我们该如何看待陈水总？究竟是什么原因让他做出这种极端选择？社会又该如何避免下一个陈水总的出现？

本期主持人

闾丘露薇

本期嘉宾：

熊文钊　中央民族大学法学教授，行政法专家

李　伟　中国现代国际关系研究院安全与军控研究所所长

游志斌　国家行政学院应急管理培训中心副教授

李君甫　北京工业大学社会学系副教授

章　文　资深媒体人，《中国新闻周刊》编委

嘉宾选择：

红方：陈水总既是施害者也是受害者

蓝方：陈水总的行为是反人类的恐怖行为

　　　　熊文钊、李伟

白方：中立

　　　　游志斌、李君甫、章文

闾丘露薇：网络上对于陈水总这个人的看法也比较多元。网友石述思认为，他就是一个彻头彻尾的恶魔，任何一个有起码良知的人，都不会这样做；网友玄铁耗子就觉得陈水总应该是想要透过很多努力，改变自己可怜的处境，但是很可悲，他走投无路、求助无门，如果社会多给他一点关怀的话，有可能不会造成这样一个状态，不过因为个人的不公来报复社会，这也是非常可恨的。我想，纵火伤及无辜这件事情是非常让人痛恨的，但是为什么依然会有人觉得做了这种事情的人还值得同情？

红方观众A：从陈水总个人的因素来说，我是觉得非常可怜的。他尝试了各种途径，想要得到一些解答，但最后什么也没有。在这种情况下，他对生活、对社会，甚至是对自己都绝望了，所以他才走上这样一条让大家都痛心的道路。

闾丘露薇：你们生活中有没有遇到过这种情况，觉得人生走

不通了，想要拉个垫背的，或者要怎样去发泄一下。没有？说明大家都很幸运。李伟讲讲。为什么觉得他是一个恶魔？

李伟：当前的所有社会制度都不是完美的，这是一个前提。第二，当这个人走到绝路，他要用其他人的生命为自己作铺垫、作垫背的时候，他就已经从一个普通人迈向恶魔了。这是有阶段的，并不是说这个人一开始就是一个恶魔。

熊文钊：我是学法律的，法律就是要惩恶扬善，我觉得陈水总这种行为显然是一种恶行，所以他是应当要受到惩治的，他比图财盗窃、抢劫杀人的问题还要严重。盗窃的人可能有经济上的拮据或者生活上的困难，我们会因为这种原因认为他不是盗窃犯，不是抢劫犯吗？人之初，性本善，但是他的这个行为显然是一个恶行，而且比一般的犯罪还要恶劣。

闾丘露薇：有的盗窃者，不会让大家对这个人产生任何的同情，因为觉得他可能是好逸恶劳，或者是想利用最简单的方式来发财，这样的人就是应该受到法律的制裁。但是有的盗窃的人是被逼无奈，我们就会对他这个人产生同情，当然他的行为还是不对的。

熊文钊：法律上对罪犯的判断，就是他的社会危害性的程度。陈水总的社会危害性显然大于盗窃犯，盗窃只是损害了那一个人的财产权益，陈水总损害的是 47 条生命。

闾丘露薇：这个行为的危害性肯定是超越了盗窃犯罪，但是撇开这些，加上他的故事，您对这个人的个体怎么看。

熊文钊：其实有很多人比他还委屈，还要惨，但是他们没有这么做。他在最后无视其他那么多无辜的生命，还有很多年轻的生命，这表明他的主观恶性已经到了非常严重的程度。

李君甫：其实最初看到这个消息也不觉得矛盾，就觉得这个人确实是一个极端的犯罪分子，不值得同情的。之所以感觉有点

北京工业大学社会学系教授　游志斌

复杂，就是因为他的人生遭遇，生活没有着落，申请低保也是屡次受挫。这种情况下对他还是有一点同情的。

　　游志斌：一方面，我觉得他是可憎可恨的；第二，又觉得可悲可怜。我也在想，是什么原因让一个鲜活的生命撇下妻女，用一种同归于尽的方式结束了自己和其他人的生命，同时也给自己和其他更多的家庭带来了伤害。这种现象值得我们反思，也值得研究，或者是值得重新思考。

　　章文：这个话题我们也报道过，当时也有各种争议，我个人对他的遭遇还是有一些同情吧。一根又一根稻草加到他身上，60岁退休问题是最后的一根稻草，把他彻底给压垮了。其实只需要再过一年，他年龄不改都没关系，每个人承受压力的程度不一样，比他还惨的人多的是，为什么是他选择了这条路？我想，可能就是他的承受能力到了极限吧。

蓝方观众B：我觉得他这就是犯罪。他伤及了47个无辜的生命，牵连了47个家庭，我觉得他就是一个恶魔。

红方观众C：咱们现在都认可他这个事是犯罪，但我同情的是他这个人，他的社保、工作等很多方面都不如意。

李伟：举个很简单的例子，伦敦士兵被砍死了，大家说对公权力的攻击不属于恐怖行为，争议很多。恐怖行为标准定不下来，什么样才属于恐怖行为？"独狼式"属于不属于恐怖行为？杨佳杀害的人跟他也没有直接关系，所以报复一些没有直接联系的人，实质上是属于恐怖行为的。

熊文钊：我不否认他是恐怖行为，杨佳犯罪的情况跟其他的杀人案性质不同。主观恶性的程度这个案子更盲目，对很多无辜的人甚至就是一些应考的大学生造成了伤害。关键是像李伟老师讲的，还有很多人的际遇比他糟糕多了。

李君甫：这个事还是挺复杂的，我觉得这样的人不值得同情，伤害了47个无辜的生命。也许他觉得自己很冤，如果我们有更多更细致的帮助也许就不是这样了。我们现在这个社会，防止大规模的骚乱，甚至是一些极端的暴力情况可能比较容易，但是像陈水总这种突发的情况，是很难去防范的。

闾丘露薇：问题是怎么样预防这样的事情，就像点子式的恐怖袭击一样，你不知道火种在哪里，爆炸点在哪里。其实不单在中国，世界各地都一样，意识形态的冲突或者个人的性格偏执，都会出现这样的问题。

资料：2013年6月9日，厦门对汽油购买采用实名制，这是厦门首次在全市所有的国字头民营加油站执行严厉新规。其中规定，个人一般不得罐装购买汽油，确实需要必须先申请，打证明，实行实名制登记。新规出台后，引来网友一片争议，有人认为实名制购买汽油不会起到任何作用，治标不治本，只会给民众日常出行带来不便。也有网友反驳，实名制购买汽油可以减少企图危害公共安全的行为。汽油实名制是否能够发挥作用？政府和民众可以在公共安全中扮演什么样的角色？

第二次选择

红方：汽油实名制会起作用

蓝方：汽油实名制不会起作用

　　　熊文钊、李伟、游志斌、李君甫、章文

白方：中立

闾丘露薇：厦门的市民说，现在好像坐BRT（快速公交系统）

《身边的陈水总》节目视频

的人确实少了。但我觉得按照事件发展的规律，一般也就是开头几天有用，过几天大家就忘记了，生活该怎么继续，还是怎么继续。所以，怎样预防是一个长久的方式。

李君甫：我觉得可能会有一些直接的用处，起码是心理上的安慰，至少当下公交车上点汽油的人没了。但是，从长久来看肯定是没有用的，买了汽油又不一定今天用，放一年以后再用也是一样的。现在实名制的情况比较多，都是治标不治本，但是它肯定会起到一定的作用。实名是一种控制手段，但作用是有限的，长远来看是不行的。

闾丘露薇：请教一下我们的反恐专家，汽油实名制对第三方突然的恶性犯罪事件有用吗？

李伟：限制一些东西，有些时候能产生非常大的作用，但是要看你限制的是什么东西。举一个例子，1995年美国俄克拉荷马

中国安全与军控研究所所长 李伟

城的麦克维用化肥炸药炸了联邦政府的大楼，从那以后，美国就禁止本土生产这种能够制造炸药的化肥。这样就使得得到方便的炸药变得困难许多。但是，挪威的布雷维克通过网络购买硝酸铵化肥来制造炸药。所以，对一些材料的管制是会造成很大的不便，但是对一些日常用品的实名制，实际上对控制类似事件没有太大作用，或者说几乎没有作用，因为汽车本身也可以作为一个工具。我们知道伦敦那个事件就是先把人撞伤，再去砍他。这样一来，实名制的行为就跟恐怖分子想要达到的目的一致了，让全社会都因为他的行为而产生恐慌、产生不便。

闾丘露薇：其实，我们中国比国外很多国家还要单纯一点，国内很多事情还是因为对个人遭遇的不满，国外的恐怖袭击的意识形态很难去预测。从预防的角度来说，是不是我们更容易预防一些？

章文：我认为恰好相反。那个是有组织的，你盯住那个组织就容易很多。

闾丘露薇：现在也有很多没有组织的，包括像杀英国士兵的、波士顿的爆炸案等。

章文：是的，这个更多是个人随机性的，更不可控。因为这个事情出来以后，我写了一篇文章，我说不要误让火苗成势，社会上有很多的这种类似的火苗、火星，不要让它化成这样一个灾难。就是要把工作做在前面，但是实名制菜刀这是非常简单，也没有任何实效的。

游志斌：这件事情给了我们很大的反思。第一，是政府政策的精度和深度问题，比如说像陈水总，要是能给他提供一个合理诉求的渠道，倾听他的声音，也许结果就不一样。第二，政府能不能解决现实问题，政府怎样把政策做扎实、做细，根据不同群体、不同地区的人、不同年龄阶段的人制定一些专业化策略。另外，政府也可以扶助、建立一些基金，比如像壹基金这样的组织，让他们来解决政府政策解决不了的、覆盖不到的这些群体。这样可能有利于解决这些问题。

闾丘露薇：政府没有那么大的能力把每个人都放在里面，这可能就是本质问题。

熊文钊：政府自己不要认为自己是万能的，但是对于民众来讲，没有政府也是万万不能的。我们要建一个法制的政府，依法来行政，建一个诚信的政府，建一个服务的政府，建一个有限的政府。但是政府不是全能，有些事情要交给社会，要处理好政府和社会的关系。政府应该给自己一个合适的定位。

蓝方观众D：我有两个意见：一个就是国家能否提供一个免费的心理辅导，像陈水总这种人，可能有一定的心理问题，偏执狂或者精神病；还有就是，他肺部有问题，如果可以从国家三甲以上医院开得一个肺部证明，能否提前办一个医保，这样可能就不会发生这样的结局。

闾丘露薇：这位朋友其实提出的是我们意识到他有问题的时候，有没有一个快速跟进的方式，这个方式可以政府来做，也可以政府放权给这些民间机构来做。单是政府肯定是忙不过来的，13亿人它会遗漏很多。

一句话总结：

李伟：珍爱生命，反对暴力。

章文：改良土壤，促进和谐。

熊文钊：法治国家，和谐社会。

游志斌：以人为尊，认知风险，共筑安全。

李君甫：给每一个人机会，让每一个人都感到安全。

闾丘露薇：就像刚才说的，我们所生活的社会肯定没有一个地方是完美的，但有一点，珍惜自己的生命，珍惜别人的生命。对于政府来说，我们希望它做得更好，透过法治来管理一个国家。就像章文写的，来改良这样的一个社会土壤，我们才会真的有安全感。

本期编导：余 洋

3. 死亡如此多情

□ 2013 年 8 月 21 日

国人注重优生忽略"优死"，支持"脑死亡"立法。
生命属于自己也属于家人，但谴责轻生者不太人道。

扫一扫 看本期节目视频

　　内容提示：2013 年 8 月，武汉一位 70 岁老人被判杀妻，
引发了关注。老人名叫汪卫国，他的妻子 67 岁，2013 年 3
月被诊断出癌症晚期。因疼痛难忍，妻子恳求他了断自己
的生命。4 月 14 日，他用电动车驮妻子到江边，沉江溺亡。
很多人对老人"助妻"死亡的做法表示同情，也有人认为安
乐死在中国是不合法的，这种行为就是在杀人。面对死亡，
我们应当做出何种选择？

本期主持人

闾丘露薇

本期嘉宾：

李　伟　松堂临终关怀医院院长

王　岳　北京大学医学部卫生法学教研室副主任

赵三平　著名律师

张　荆　北京工业大学人文学院教授

杨　健　北京大学医学部卫生法学教研室教授

赵海量　心理学专家

嘉宾选择

红方：**支持老人"助妻"死亡**

　　李伟

蓝方：**不支持老人"助妻"死亡**

　　王岳、赵三平、张荆

白方：**中立**

　　杨健、　赵海量

闾丘露薇：今天我们要讨论的一个话题是关于死亡，你接受安乐死吗？你如何看待安乐死？如果你是那位老人，如果你遇到这样的事情，你的亲人提出这样的要求，你会怎么做？

李伟：从道理上来讲，每个人都没有权利去剥夺他人的生命，每个人都应该有权利选择自己生命的终结。

闾丘露薇：如果您是这位老太太的家人，你是第一时间去帮她完成心愿，还是觉得应该找更好的治疗方法？

李伟：生命处在这样一个末期阶段，显然需要社会的帮助，我们是一个和谐的社会，社会能够提供很多和谐的帮助。

王岳：我觉得死亡本身并不可怕，可怕的是对它的恐惧，不是因为癌症，而是因为我们没有给他构建一种温暖的社会环境。

赵三平：你可以有选择死的权利，但是你必须具有自己去死的能力，如果你需要让别人来结束你的生命，那么这个时候就有两个障碍：一个是法律上的，根据我国现行《刑法》，它只能是构成一个故意杀人罪；第二个是伦理上的，每个人都不是一个孤岛，

松堂临终关怀医院院长 李伟

每个人都有他的社会关系，在这种情况下，你选择死是一个自私的表现。

闾丘露薇：我明白您的意思，但是就像刚才王教授说的，有时候，社会环境使得一些倒霉的人得不到更好的医疗手段以及其他的一些改善。

张荆：刚才看了这个短片，我要作为这个老人的话，我肯定不会做出这样的行为，因为我是研究法律的，我知道这肯定是一个非法剥夺他人生命权的行为。

闾丘露薇：我打断你一下，补充一下，这位老人是个农民家庭，所以教育背景不同的人，思考方式可能不太一样。

张荆：但是在目前的法律框架下，他肯定是故意杀人的行为。老人的妻子患了癌症，她想水葬，网上也讲邻居说他们过去很恩爱，但是这些东西都不能说明就是老伴委托他去帮助她自杀的，如果没有遗嘱等书面东西，那肯定是故意杀人，假如他有证据，那最多也就是帮助人自杀。

闾丘露薇：日本的《刑法》规定，帮助他人自杀或者受委托等，处6个月以上7年以下徒刑或监禁。在瑞士，帮助他人自杀的话，是处5年以下重惩役或者轻惩役。请赵先生谈谈，为什么选择白色这一边？

赵海量：我们今天这个讨论，首先是建立在如果我是他的基础上，可是我们没有人是他，我们永远不知道当事人体验的是哪种痛苦。人是趋利避害的，人的第一条生存法则就是求生，没有人想死。我希望人在选择结束自己生命的这个过程当中，能有更理想的选择，但是我们也都知道现行的社会环境之下很难达到，几位律师也都聊过了，没办法，夹在两难的中间，所以我选择了坐在中立的位置。

杨健：刚才几位老师提到了一个观点，生命不仅仅是自己的，还是家人的。我们对于跳桥的、跳楼的青年人或者是大学生，经常会用这样的一个观点，说为什么你不考虑一下你家人，甚至有一点谴责的意味。如果还用这样的一个标准去衡量那些濒死的人，可能有些不太恰当，甚至于可能有一点不太人道。

闾丘露薇：我们要打断一下，我们现在视频连线到一位病人，他叫张文成，他一直都有安乐死的愿望。我们看他作为当事人对死亡对生命是怎样想的。

视频连线张文成：
闾丘露薇：张先生，你好。
张文成：你好。
闾丘露薇：我们很想听你谈谈，你现在的状态是怎么样？
张文成：我在2010年做过手术，失败了，很痛苦。现在，在协和医院靠吗啡治疗。前几年在家的时候，我吃大剂量的药片，在医院抢救过来了。现在，我每天生不如死，每天打120毫克的吗啡和度冷丁维持生存，如果不是这样，我实在坚持不了了，现在生活对我来说是非常痛苦的。

闾丘露薇：张先生，有没有跟你的家里人聊过，他们有没有想过要你活下去？

张文成：我跟家里聊过，他们说实在忍受不了走了，那也没有办法。

闾丘露薇：你觉得现在特别难以承受下去是因为疼痛，你对生的欲望能够去克服这种疼痛吗？

张文成：我自己知道这种病是不可能康复的，随着年龄的增长症状只会越来越加重，药量也加重，经济上也是负担。用药一次一个多星期才能排一次小便，非常非常痛苦。我觉得我是个男同志，我从来没跟人说，就忍受着，我得了这个病，没有流过一次泪。

闾丘露薇：那张先生你也知道，现在在中国安乐死是不合法的。任何的机构包括你家人、你自己，都没有办法完成你这样的想法，活下去是你唯一的选择。

张文成：因为这个病没在谁身上，谁也体会不到。

王岳：平均多久你孩子会来看你一次？

张文成：我孩子他在儿童福利院，他是负责人，比较忙，一个半月到俩月。

闾丘露薇：谢谢张先生来分享这样一个经历。

闾丘露薇：李先生，正好想请问你，你是在临终关怀医院，很多病人没有办法选择死亡，就来到了临终关怀医院，或许是让自己觉得有一个地方可以等死。这样的病人，他们是什么样的

著名律师 赵三平

状态?

李伟：我们送走了两万六千多个人，我送走了两万多，二十五年。像张文成这样的人很多，我跟张文成经常在聊天，因为他几次想自杀，很多次要求医院给他实施安乐死，我跟他讲，我说你不符合安乐死的条件，你没有理由要求安乐死。

闾丘露薇：这里面李先生提出了怎么样来定义安乐死这样一个问题，什么样的病人应该安乐死。

赵海量：我觉得这些问题矛盾的核心，恰恰就是到底什么人来制定接受安乐死的标准。痛苦跟幸福感是一样的，只有他自己觉得不痛苦，我们才能承认他不痛苦，否则没有人可以替他决定。要是他没有钱，家人也没有了，又离异了，现在还承受这种痛苦，等待着一个未知的可能性，那么这种恐慌下有可能做出安乐死的选择，站在我的角度，我是理解的。

张荆：更多的因素还是离异，然后经济的负担太重，疼痛也是一个因素，这个问题和安乐死还是有很大区别的。

闾丘露薇：比方说医疗手段没有什么办法，已经到了濒死阶段，或者他本人已经像植物人一样，或者更极端的状态，在这种情况下，大家是否接受安乐死？

赵三平：还是赵老师刚才的话，这是一个标准问题，比如说他现在处于持续昏迷的状态，但是你有什么医学上的指标证明他的昏迷是持续的？我们经常听到有睡了十几年的植物人忽然爬起来叫妈妈的，也经常有抗癌的明星拿着大夫说还能活三个月的诊断回去活了30年的。根本没有一个令社会大众信服的标准存在。

张荆：奇迹随时可能发生。

杨健：这样说的话，这种标准是永远不可能有的，医学永远在发展，几个世纪之后都不会有这种标准出现。

白方观众A：我不同意这种观点，癌症晚期的时候，即便在药物的帮助下，痛苦也是很难忍受的。好像德国允许安乐死，它的标准就是第一医生认为病理发展是不可逆的，第二个标准是病人主观同意。

赵三平：但是你想过没有，现在国内的哪个医生如果允许你安乐死，你敢信吗？你的家人信吗？

白方观众A：安乐死是病人主动提出的。

赵三平：你刚才说医生要判断标准，这就说到王老师讲的社会基础问题，我们国家当今社会，哪个医生可以判断这个标准？

王岳：我说两个事实：第一，可能你们都猜不到在中国今天"医生"这个称谓底下，人数最多的是什么学历，他们叫乡村医生，他们甚至没有接受过三年以上的医学教育，他们是兼职医生，这边给人看完病，那边扛着锄头浇地。

闾丘露薇：什么样的医生可以去鉴定，这是完全可以解决的基础性问题。

王岳：不是所有医生都可以，在国外实行安乐死必须有神经内科和神经外科的医生批准，神内神外的医生要经过专科培养，也就是说如果我们想在中国所有医院配备这样的医生，目前是根本做不到的。

张荆：我们在讨论这个问题的时候是法盲，包括汪老汉。实际上安乐死是一个医疗行为，不是说老伴实在太痛苦了，她给我遗嘱，我就可以把他弄死，不是这么个行为。

赵海量：但是，如果当事人自己想结束自己的生命怎么办？

王岳：无论谁想结束生命，都有一个谁来执行的问题。刚才那位说过，当你杀了一个人尤其是至亲的时候，会做噩梦。一个职业者，每天要杀几十个人，他会不会做噩梦？

赵海量：职业的话恐怕就不至于了。

王岳：我们需要这样一个人，以每天杀十几个人为职业，在座的哪位谁愿意干？

闾丘露薇：我们现在讨论接不接受。

王岳：如果无法执行，你讨论允不允许，有什么意义呢？

赵三平：正是因为在执行过程中有这么多问题，所以我们才不允许。

闾丘露薇：我发现一个非常有趣的问题，讨论安乐死的时候很多人都说不可以，但是问到自己，假设是自己痛不欲生的时候，大家就说安乐死可以了。但是，你不把这个权利让渡出来，你自己的权利也实现不了。

　　资料：世界卫生组织曾提出，在2000年使所有的癌症患者无痛，但在我国，至今绝大部分患者根本无法实现。医务人员的道德滑坡、法律的缺失，是否加剧了谋杀、逃避赡养、掩盖医疗事故等诸多问题？安乐死的背后是否隐藏着一颗定时炸弹，随时引爆中国几千年来形成的家庭观、伦理观？我们是否应该支持安乐死？安乐死是否可以立法使其合法化？

第二次选择：
红方：支持安乐死合法化
　　　李伟
蓝方：安乐死合法化时机未到
　　　王岳、赵三平
白方：中立
　　　杨健、赵海量、张荆

王岳：我觉得整个中国的法律环境，特别是公民包括一部分职业者的法律素质，还没有到推行安乐死的时机。前不久陕西出了一件事情，我相信很多人根本没有想到，在一家政府设立的正规医疗机构里，会有很多孩子被医务人员卖掉了。我想问一下，我们是不是有足够的信心把安乐死交到医生手上，因为最终执行一定是要在医院里，我们不可能让家属自学三个月，然后拿着针管找到静脉扎进去。

闾丘露薇：我想你举的这个例子跟实行安乐死没有太直接的联系，安乐死是由病人自己提出来的，你是担心医生弄不死他吗？

王岳：不是，因为我们不得不承认，这些病人对家庭是一个负担，有一些家庭可能就会把他送到医院安乐死减轻负担。如果医生严格按照标准判断那当然好，但如果只是一个普通的乳腺癌晚期，病人可以生存很长一段时间，要是医生判断错误那不是白白牺牲一条生命。

让你自己去死的能力

著名律师 赵三平

　　闾丘露薇：您是不是觉得在中国目前的状态下，判断标准没办法确立，程序也没办法确立？

　　王岳：我们的这些标准是没法操作的，基层医务人员的能力是很难去判断病人具不具备安乐死的条件的。

　　闾丘露薇：技术上的层面是可以解决的，不要基层的医生来判断，可以成立一个道德委员会之类的啊。

　　王岳：中国 13 亿人，假设今后医院都是安乐死，都在三甲医院来执行？

　　闾丘露薇：或者说像法院审判一样。

　　王岳：就算最终执行都在三甲医院，我们有没有这么多的医疗资源来满足整个社会？

　　闾丘露薇：所以你觉得即便制定了非常完善的规则，也执行不了。

　　王岳：不能超越物质基础，讨论一些制度的建设。

赵三平：我认为当今社会不可能促成安乐死立法，有几大障碍。第一标准障碍。就是王老师刚才讲的谁来制定这个标准，谁来认定这个标准，谁来操作这个标准等。第二，操作障碍。预嘱和遗嘱是两码事，预嘱是对他生命最后阶段的处分，遗嘱是对身后事的安排。法律上来讲，人的权利是始于出生，终于死亡。在死亡之前，即使他再痛苦再昏迷，他的生命也是具有完全的民事权利行为能力的，这个时候就出现了一个法律上的障碍，不要说你积极促使他去死，就是不管他让他去死，就可能涉嫌遗弃罪。我去年就遇到这样的情况，我父亲偏瘫 13 年，去年三四月份的时候突然病重，就在朝阳医院 ICU。我们弟兄三个进去的时候，大夫拿了一堆文件，问出现了什么事情是不是采取什么措施。我嫂子也是医生，她就说如果是创伤性的抢救，建议就不要做了。她毕竟是儿媳妇，当时我听到这个话以后，毫不夸张地讲，我觉得心一紧，眼泪就下来了。我当时就跟大哥说，如果我们现在知道有任何一种方法可以延缓他的痛苦，那我们就不用看着他死去。我把这个话说完，我大哥签了字。

赵海亮：这是一个标准的分离焦虑，我们中国人的文化是所谓的家文化。三种内驱力决定我们的行为：第一是信仰，第二是亲情，第三就是利益。当然，现在很多人基本上停留在很糟糕的最底层。

杨健：好像是两回事情，现在提到一个问题是人应不应该有这样的权利，也许不是现在，我觉得是可以有的。这个法律本着尊重权利的出发点，每个人、每个家庭都可以去选择，你也可以选择不实行安乐死，这根本不存在问题。

闾丘露薇：也就是让你多一个选择。

杨健：必然它会有很多道德风险，我也承认现在中国社会有一些让人比较担心的因素，但是我们首先要承认这种权利，慢慢地朝立法的方向做一些尝试和努力。

张荆：安乐死立法不立法的问题，应该多听一些法学家的意见，国际上在讨论安乐死的问题上，分类比国内的要细得多。有积极的安乐死、消极的安乐死、狭义安乐死、纯粹安乐死等。现在比较多的就是积极安乐死和消极安乐死，所谓积极安乐死，就是给你打一针，摆脱你的痛苦；消极安乐死是不促使你马上死，给你停止治疗和抢救，让你自然死亡。在世界各国立法中，积极安乐死的立法是很少的。

闾丘露薇：李先生是不是觉得已经是时候立法了？

李伟：我们很少有机会在全国公民面前探讨死亡的问题，一个成熟的民族，应该对优生、优死同样关注。可是我们太注重优生了，三个月听贝多芬，六个月听莫扎特，然而我们却忽略了优死。临终关怀就是最好的姑息治疗，最好的缓和安乐死方案。我坚决支持立法，我支持中国对死亡的立法界定，脑死亡才是死亡的标准。

王岳：实际脑死亡的立法，远比安乐死立法要紧迫和重要得多。实际上，很多人在讨论安乐死，但是可能还没把安乐死、尊严死搞清楚，讨论植物人，还没把脑死亡和植物人搞清楚。无论是民众还是医生，都把医学的目标锁定在救急扶伤，这是一个极其落后的观念。

张荆：我觉得这是一个最基本的医生伦理，安乐死冲击最明显的，就是这样一个最基本的医生职业伦理。

王岳：实际上20世纪60年代左右，欧美人已经开始反思这个问题，如果把治病救人作为行医的唯一目的，你的工作将要么成功，要么失败，而最终百分之百都失败，因为病人都得死。

闾丘露薇：不是救急扶伤，那是什么？

王岳：叫 helper，所以为什么在英语里，更多地把医生称为帮助别人的人，他不是要延长你的生命，而是要给你一种甚至于家庭都没有给你的帮助。比如你的孩子一个月才来看你一次，但社工两三天就会来看你一次，可能会有更多的社会支持机构来帮助你。我们现在不能因为没有这些机构，就建立一个快速通道让他死掉。

闾丘露薇：我明白，我们在一开始的时候就已经谈过，如果我们的医疗体系、社会体系做得足够好的话，想要安乐死的人是会减少的，这不是一个非此即彼的问题。另外，我们在谈是不是每个人都应该有安乐死的权利，这个权利你是可以不用的，问题是现在有一些人他想要用这个权利，可是没有。

王岳：实际上更多的是他没有得到应有的帮助，我们不给他帮助还送给他一个去死的权利？

李伟：我们之所以谈安乐死，是属于文化欠缺，现在安乐死的问题在中国实际上早就解决了，有临终关怀，有姑息治疗，有缓安乐死，你们不愿意了解这些，那我就不说了，我特别同意王老师的观点。

闾丘露薇：这个是不是逃避法律的？

王岳：不是逃避法律，我们台湾地区的立法就是安缓死。

一句话总结：

杨健：生的精彩，死的从容。

赵海亮：尊重选择，理论上来讲，只要他的选择不侵害到其他的任何人，都应该得到我们最起码的尊重，哪怕是死。

张荆：安乐死立法应慎之又慎，特别是对积极安乐死的立法，这种立法极为复杂，而且可能带来一般性的杀人或者帮助自杀行为的增加。

李伟：临终关怀终结了安乐死的探讨。

王岳：讨论安乐死可能太早，我们现在最急需的应该是规范每天在医院里放弃治疗的人。

赵三平：在安乐死立法的问题上，法律、伦理、标准三大关关关难过，生命、尊严、选择丝丝相连，每一个人都面临着非常纠结的不同选择。

闾丘露薇：死亡是一个蛮沉重的问题，也不是我们今天这里的讨论就会有结果。今天的讨论让我看到几个问题，像王先生所讲的放弃治疗的问题，很多时候可能是家庭成员问题，另外医疗费用也是原因之一。这个问题其实是社会人士也是政府应该承担起来的责任，至少在目前讨论安乐死这样一个比较遥远的问题之前，应该是可以面对和解决的。

本期编导：郝国栋

4. 流浪儿童，家在何方

☐ 2011 年 3 月 12 日

全民参与，打一场打拐的人民战争。

扫一扫 看本期节目视频

　　主要内容：2011 年春节，中国社科院学者于建嵘教授在微博发起的"随手拍照 解救乞讨"儿童行动，引发众多网友的参与，3000 多张流浪儿童或涉嫌被拐儿童的照片在一个月的时间内传遍微博，随着传统媒体的跟进，社会名人的参与，公安部门的介入，解救工作的展开，微博打拐迅速成为 2011 年春节期间最热门的话题，2011 年 2 月 27 日，温家宝总理在线与海内外网友交流时也谈到了相关行动。温家宝："有的网民经过拍照上网来暴露许多流浪儿童的问题。"此次微博打拐行动大众热情参与的同时也不乏反思与警示的声音，网络上下从严厉打击拐卖儿童行为，救助流浪乞讨儿童到关注儿童保护及福利，由微博打拐引发的议题也开始不断延伸。

本期主持人：

　　曾子墨　凤凰卫视《社会能见度》节目主持人。2000 年加入凤凰卫视资讯台，担任财经节目主播。

本期嘉宾：

王建勋　中国政法大学副教授

王大伟　中国人民公安大学教授

熊　伟　北京新启蒙公民参与立法研究中心主任

嘉宾选择：

红方：支持"微博打拐"

王大伟

蓝方：不支持"微博打拐"

熊伟

白方：中立

王建勋

曾子墨：网络上掀起了一个"微博打拐"的热潮，这个行动叫"随手拍照　解救流浪乞讨儿童"。蓝色区域是持否定态度，你们是不相信人民的力量还是其他原因？

蓝方观众 A：我觉得应该是政府加强这方面的管理。

红方观众 B：我还是觉得人民的力量大。

曾子墨：熊伟先生您来反驳一下为什么您不支持"微博打拐"？

熊伟：我不是简单地说不支持"微博打拐"，就是反对于建嵘副研究员他们倡导的那个形式。第一，乞讨儿童也有隐私权，也有肖像权，把他们放到网上涉嫌侵犯了别人基本的人权。第二，放到网上是希望失踪儿童的父母通过微博能够看见，但是犯罪分子也能够看见，他看到这个信息，马上就会把小孩给转移走了。

王大伟：但是我觉得遇到任何事得有个主，有个次，什么是主？社会主义为主，孩子被拐骗以后，家破人亡，而且这个孩子还可能面临着被喂药、被致残，所以在这种情况下要以解救孩子为主。第二，"微博打拐"，我是当警察的，我更害怕让犯罪分子利用这种形式，但是这些和主比起来一定是次。

曾子墨：我要问一下熊伟先生，您是个父亲吗？

熊伟：我不是。

曾子墨：假设您自己的儿子或者女儿丢了的话，有一天能在网上看到他的照片，您是在乎他的隐私权还是安全？

熊伟：个人来讲肯定非常激动，觉得这是很好的事情。

曾子墨：但您还是不支持"微博打拐"？

熊伟：反对这种无牵制的"微博打拐"。

王建勋：我觉得我们应当忌讳用自己的情感对待这种问题或者用情绪挑战理性，打击拐卖儿童目的非常好，是具有正当性的，但是它的手段也必须具有正当性。

王大伟：我是公安大学的老师，我的学生都是警察，我教过

《流浪儿童家在何方》节目视频

他们一个最简单的办法，如果在派出所，有一个老头进来报案，你不知道怎么办，我说遇到这个事情不需要想什么，你设想自己是丢孩子的爸爸就够了。

王建勋：假如说我知道那个儿童是被拐卖的，通过拍照或者其他形式来打拐应该问题不大，但是如果他不是被拐卖的怎么办？我们必须得承认在乞讨儿童的群体中，有些是被拐卖的，也有些不是。但是作为一个公民，不知道谁是谁不是，没有做调查随便咔一下，要是这个儿童不是被拐卖的，他当然有自己的权利和自由，不是你想侵犯就可以随便侵犯的。

王大伟：打拐单靠公安机关是不行的。

曾子墨：您身为警察也这么说？

王大伟：因为我们的警力是世界最低的，10000个人中只有11个警察，西方是10000个人中有35个警察，我们一个警察干西方三个警察的活，在西方比我们多三倍警力的情况下，它都知道这个事情要靠人民群众。

曾子墨：通过"微博打拐"确实也有不少儿童被成功解救。

　　资料：在2010年的春节，在"微博打拐"最热的时候，苦苦寻子三年的彭高峰找到了他的孩子。彭高峰（彭文乐爸爸）："你就是走到哪里爸爸都把你找到，我希望全民参与打拐，全民打拐，和人贩子进行一场人民战争。"虽然对于从中获益的家庭来说这是改变一生的事件，但"微博打拐"这样的公民行动在很多人眼中的确还存在一些瑕疵，例如它是否导致了流浪儿童和被拐儿童的概念混淆，这个倡议是否会剥夺困难家庭的乞讨权等，如何让打拐救孤的善良本意能够通俗易行和有法可依，成为许多人的思考。

曾子墨：通过"微博打拐"彭高峰找到了他的儿子，而凤凰周刊记者邓飞也记录了整个的过程，并且参与了其中，今天邓飞也来了，给我们讲讲你参与整个过程的情景。

邓飞（凤凰周刊记者）：我认识彭高峰是 2008 年，因为找彭文乐，找孩子是很艰难的，就好像找掉到了稻草堆的一根针。所以我就鼓励彭高峰通过微博来找孩子，然后在 2010 年 9 月，我发了第一条关于这个孩子的微博，我也写了一句话：能不能再次创造一个奇迹找到这个孩子。有人看到了这个微博，记住了孩子的相貌，然后他在一个乡村看到了这个孩子，就是他把信息反馈给我们，我们就带上深圳的公安把孩子解救出来了。

曾子墨：这是一个很漫长的过程，但是用邓飞的话来说，互联网也的确创造了奇迹，找到了这个孩子。凤凰微博也有一些网友给出了意见，有人建议人贩子可判死刑，有人说不要太理想化，国家管不起那么多乞讨儿童。我想刚才王建勋先生提出的一个观点是很重要的，我们要理清流浪乞讨儿童和被拐乞讨儿童是不是一个相同的概念？

王大伟：我听过一个官方消息，说凡是在怀里抱着的乞讨孩子绝大部分是被拐的孩子，这次打拐之后，又有消息说绝大部分不是，这两个信息就产生了很大的矛盾。我的观点不一定对，反正我觉得宁可拍错了，也别给漏拍了。

王建勋：我觉得这是一种典型的反法制心态，就像很多中国人主张宁可错杀一千，也不放过一个，这和西方的法制理念恰巧相反。你不能说目的正当，方式违法也可以，那就是用一种恶来阻止另一种恶。

王大伟：把这种情况叫一恶报一恶，老百姓拍照片怎么是恶呢？这个只能证明你站在了拐卖的那一方。

熊伟：我简单插一句话，我们不能以善的名义行恶。

曾子墨：他们说的是一种从法律程序上来讲的不正义的程序。

王大伟：法律也没有禁止说用手机给孩子拍照片啊。

曾子墨：把照片放到网上呢？

王大伟：人家没有随便拍，是怀疑这个孩子被拐卖了。

曾子墨：争议暂告一段落，"微博打拐"取得成绩，但是也的确引起了很多的争议，当然这个争议主要集中在它的手段。

资料（网友意见）：

1. 只是拍照片而已啊，并没有实际的行动。

2. 如果说那个家庭确实因为困难在那儿乞讨，这样拍照也会打扰别人。

3. 发生这种可怕的事，我们国家的法律制度也是原因，即使把法律贴在墙上，实际操作起来也并不是很严。

4. 好处就是能引起大家的重视，对这种犯罪行为也有些震慑作用，坏处就是孩子毕竟还小，而且我觉得这也不是特别能解决问题。

曾子墨：网友对微博打拐的质疑就是害怕是炒作或者三分钟热度。

王大伟：微博打拐一定要和公安机关密切合作，要在公安机关的具体指导下进行，这是第一。第二，微博打拐救的孩子当然是越多越好，我们都希望把被拐卖的孩子都救出来，但要是没全救出来是不是就否定微博打拐？也不是。微博打拐最重要的是调动了全民来参与社会治安，再有一个更重要的，就是让每个妈妈都知道，原来这世界上还有丢孩子这回事，赶快把自己的孩子看好。我也要给孩子们说说，咱们编了一个"平安童谣"，里面有一百首童谣。比如教孩子上学路上的安全，"一个人上学校，问我什么不知道，低下头快点走，追上前面小朋友"。咱们真正要干的事是救孩子，要弘扬社会正气。

曾子墨：我们想做的事情是真正的打拐，是要救出那些被拐卖的孩子，但是由微博打拐又引出了另外一个话题，那就是未成年人乞讨的话题，未成年人上街乞讨这个现象我们应该怎么来看待？

第二次选择：

红方：应该立法全面禁止儿童乞讨

　　　王大伟

蓝方：不应该立法禁止儿童乞讨

　　　王建勋、熊伟

白方：中立

白方观众C：允许14岁以下儿童去乞讨，社会还是会乱，但是不允许就真是饿死了那些小孩，反正别让儿童受罪。

曾子墨：那儿童跟着父母上街乞讨，有的也许是自愿的，这样的儿童是不是在受罪？

王建勋：首先要分清楚他因为什么乞讨，被迫乞讨肯定是要打击的，假如是自愿乞讨，那找不着打击和禁止的理由。自愿乞讨的理由也有各种各样的，是因为贫穷还是路上钱包丢了等等，我觉得不区别这些，一概去禁止，势必会侵犯一些人的权利。比如一个10岁的儿童在放学路上钱包丢了，他乞讨两块钱坐车回家，这何罪之有？为什么要禁止呢？乞讨里面不包括长期和短期。

邓飞：它会有一个比较完善的法律去安排。

王建勋：你怎么去区分长期和短期？

中国人民公安大学教授　王大伟

曾子墨：我们现行的法律法规当中，有没有对乞讨有明确的规定？

熊伟：我没有看到。

王大伟：首先要区别乞讨分多少类，比如第一类是把孩子骗过来致残，然后用他去做乞讨道具，据说这个占5%，对于这一类要严打。第二类是我并不穷，但是我租些孩子来，据说租个孩子要4000块钱一年，有句话叫"城市是天堂，马路是银行，要上三年饭，回家盖楼房"。对于这些人也要严打。第三类是我带着孩子去乞讨，本来这个孩子该上学了，我不让他上学，这是爸爸妈妈脑子不对，国家有义务教育的法律，这个也是违法的。还有最后一类，就是这个家里爸爸是瞎子，妈妈是精神病，孩子就是上不起学去乞讨，法律凭什么禁止他，这个应该怎么办呢？我们国家现在GDP都超过日本了，成世界第二了，国家拿这么点钱让这

嘉宾：熊伟

表明我的观点

北京新启蒙公民参与立法研究中心主任 熊伟

些穷孩子去上上学有什么不行的，是吧？

　　曾子墨：蓝方和红方终于在这个问题上找到了某些共识。

　　王大伟：我认为要立法保护这些乞讨儿童，给他们上学的权利。

电话接通李静芝：

　　曾子墨：有一位丢失了孩子的家长，我们电话连线她，听听她是怎么看待这个问题的？您好，我们想向您了解一下您孩子丢失多少年了？

　　李静芝（被拐儿童家长）：今年是第 23 年。

　　曾子墨：孩子走失的时候多大呀？

　　李静芝：两岁 8 个月，是我唯一的儿子。

　　曾子墨：这 23 年里面你通过一些什么样的力量去找过他呢？

　　李静芝：刚开始是自己家里的朋友、同学、同事。

曾子墨：有找过公安机关来帮忙吗？

李静芝：当时我们去报案的时候公安局不给我们立案，前些年公安部好像又有一次专项打拐，这个时候才给我正式立了案。

曾子墨：拖了这么久？

李静芝：是。

曾子墨：我知道很难用语言来形容这 23 年来你的心情，能告诉我们你是怎么过来的吗？

李静芝：我觉得像在地狱里面。

曾子墨：在网络上有一个微博打拐的行动，您了解吗？

李静芝：我知道一点。

曾子墨：您支持这样的行动吗？

李静芝：我现在非常感谢社会各界对于拐卖儿童事情的重视，比 23 年前要好得多，至少有这些媒体、微博在关注这个事情，至少让我觉得看到了一些希望。

曾子墨：有些人希望能够立法，全面禁止未成年人上街乞讨，你支持这样做吗？

李静芝：我非常支持，我觉得人贩子偷的不仅仅是一个孩子，而是这孩子的一生和一个家庭的幸福，很多家庭因为孩子的丢失不复存在，对这孩子也是一辈子的创伤。

曾子墨：如果今天能够让你来决定人贩子的命运，你希望怎样来处置？

李静芝：我觉得判他死刑都不够。

熊伟：我想问一下你对收买你小孩的那些成年人怎么看待？

李静芝：我是非常痛恨这些养父母的，如果没有他们的买卖孩子就不可能被拐卖。这些年我真的觉得我不孤独，通过网站，通过"宝贝回家"的支援，我觉得我不孤独。但是我孩子丢失这么多年了，要找到也非常非常的困难，我记得他，他不见得能记得我，我觉得我们的力量真的太弱太弱了。丢孩子的那一两年，我也到北京上访过，也游过行，我什么都做过，我为了儿子我觉得我什么都可以做。但是我找了23年也没有任何音讯，我连孩子是不是还活着都不知道，这是我最害怕的事了。

曾子墨：我想请各位一起来出出主意，无论从哪个层面，我们到底可以做哪些事情帮助被拐的儿童早日回家，或者说让拐卖不要在中国这片土地上再发生。

熊伟：像刚才那位母亲就非常痛恨收买方，我们主要的目标应该集中在收养方，确定一个原则就是收买即违法，只要买了孩子就是犯法，不但要承担刑事责任，还要承担经济责任。第二，微博可以发挥很大的作用，包括凤凰网这些，要让每一个人都知道，收买被拐卖的儿童是犯法的。

王大伟：打拐一直是公安机关工作的重中之重。

熊伟：我插一句，公安部已经下了规定，凡是报了小孩失踪的必须立案。

曾子墨：从身边做起，我们从整个的国家制度建设做起，有哪些事情是可以做的，请大家出出主意。

王建勋：普通老百姓也可以做很多事情，包括用微博或通过其他方式在网上传播帮助他们的信息，或者说给他们找一些就业的机会等，我们要自己成为自己的主人。

熊伟：我认为最简单的办法就是让《新闻联播》插播30秒钟的普法公益广告，播《刑法》第241条第一款，普及收买是犯法的行为，播一年，拐卖儿童的犯罪肯定会减少。

曾子墨：王大伟先生有什么好的建议？

王大伟：我觉得大家提的都非常好，兄弟登山各自努力吧，大家都使劲，最后的结果就一定是好的。

曾子墨：我们也特别期待这一天，有很多的网民参与微博打拐，虽然我们看到，在细节、手段上可能会有一些不完善的地方，但是因此就否定微博打拐本身的善意，也是过于绝对的。我们都特别希望被拐卖的孩子能够早日回家，早日回到他们的父母身边。

一句话总结：

熊伟：《新闻联播》应该插播普法公益广告，传播收买儿童是犯罪的法律意识，第二就是每年发行 2000 亿扶贫国债。

本期编导：湛立芳

5. X2 代

□ 2011 年 3 月 1 日

一个公平的时代，应该是每个人都有生存和发展的空间。

扫一扫 看本期节目视频

内容提示：二代拼爹，一桩桩荒诞离奇的闹剧；比能力还是比爸爸，一个个沉重悠远的话题。出身决定命运，能力关乎成败，阶层板结之忧，专家现场解析。在互联网上拼爹事件一波又一波地出现，这些有着优越出身的二代们，制造着引人注目的社会事件，频频刺激着公众的神经。在拼爹事件的同时，那些家世普通的二代们，正每天面临着就业难、考研难、出国难、创业难的种种艰难。

本期主持人

曾子墨

本期嘉宾：

李　强　清华大学社会学系主任

温元凯　中国著名经济家，南洋林德投资顾问有限公司董事长

张　鸣　中国人民大学国际关系学院教授

廖卫华　资深媒体评论员

林楚方　资深媒体人，《看天下》杂志前执行主编

章　文　资深媒体人，《中国新闻周刊》编委

嘉宾选择：

红方：当今社会比的是能力

　　　李强、温元凯、廖卫华

蓝方：当今社会比的是爸爸

　　　林楚方、章文

白方：中立

　　　张鸣

曾子墨：红色和蓝色都坐得满满的，白色的人好像特别少，所以一眼就看到了大家特别熟悉的面孔，《非诚勿扰》当中被大家记住的模特儿马诺，你为什么会选择中立？

马诺（《非诚勿扰》模特）：我觉得有个好爸爸，肯定能让我们走得更平坦一些，但是不能因为有个好爸爸就去声讨他，如果没有一个好爸爸的话，靠自己的能力也许也能打出一片天地，所以我站在了中立的位置上。

林楚方：这个观点最触动我们的还是看到的现实，周围的同学或者朋友如果有一个好的家庭背景，他们会得到更多。当然我非常反对这样的东西，但是我们要想的是怎样面对这个现实，而不是不承认。

李强：其实中国人真的富起来也没有多少年，今天的富人二十年前是什么人？三十年前是什么人？也都是很贫苦的人。我们中国人有句话叫"君子之泽，五世而斩"，哪怕你当皇帝，五世都会覆灭，可见你越想孩子传承你的财富或权利，最后必然衰败，能力还是排在成功榜第一位的。

清华大学社会学系主任 李强

白方观众A：如果说你去考公务员，一个有背景爸爸的人考了90分，同样穷人的子弟考90分，大家都知道会录取谁。如果两个人的情况都差不多，你是市长的儿，我是书记的儿，那么这个时候肯定是谁考得好谁就上去。因此我的观点是好爸爸太起作用了。

曾子墨：有一位嘉宾的经历可以来和我们分享一下，他的名字叫杨沐，来自湖南长沙，父亲在公安部门工作，母亲在一个媒体供职。他14岁的时候开始学习吉他的民谣弹唱，后来远赴新西兰，在奥克兰莱卡音乐制作学院学习，25岁的时候就组建了自己的乐团。我想问问杨沐，大家可能觉得，你之所以能够到新西兰去学音乐，是因为你有一个好的家庭背景，而不是像很多对音乐有同样梦想的人只能在家苦学，是吗？

杨沐：我们不用像穷二代那样，为了衣食、教育而担忧，但是我们也不像富二代一样，纵情于声色、香车、美女。我们这个状态，每天可以看见阳光，做自己想做的事情，是居安思危的一个状态，所以我是感到很乐观的。

曾子墨：你在学习音乐的过程中，无论是最初在中学时期，还是后来到国外去求学，有过特别艰苦的经历吗？

杨沐：有过，在国外什么都干过，洗盘子、摘果子、做清洁……

曾子墨：假如你的父亲是特别贫困的农民，你同样对音乐有执着的梦想，你认为自己会有今天吗？

杨沐：不会，我很坦诚，因为我父亲的支持才让我走到这一步，虽然不是太大的成就，但是这里面有很多是父母付出的心血。

曾子墨：我觉得这是一个特别坦诚、特别能表露自己心声的答案，大家听了杨沐的故事有什么感想？

白方观众B：父亲和能力都是人生当中非常重要的两个阶段，第一个阶段可能是父亲比较重要，如果一个一二十岁的孩子说父亲不重要，这是不靠谱的。我们今天讨论的其实是一个社会资源配置还有权利分配不公的问题，有能力的人，在得不到资源分配的情况下，大家会很有意见。

张鸣：杨沐还有马诺这样的都是特例，是在一个特别的领域，这个领域市场化比较充分。如果说我是一个官二代或富二代，长我这模样能当模特吗？就是有人提供便利也不行啊。那是一个竞争比较充分的领域，我们讨论的问题是官，比如说在官场，一个没有权势的人能不能凭着自己的能力干出来。我们现在这个社会，爸爸们拼命地想儿子拼我吧，儿子们拼命地拼爹吧，很悲哀，没有一个想到自立也是一种光荣。

林楚方：全世界的爸爸，不管是亲爹还是干爹，都会爱自己的孩子，都会帮助自己的孩子，我觉得这个是无可厚非的。

曾子墨：但是以什么样的方式去爱？

林楚方：对，在现实的环境下面，我们很多时候改变不了，很多父亲也烦恼不知道让自己的孩子怎样面对这个世界，如果不帮他，孩子可能战胜不了其他的二代们。

曾子墨：微博上的网友说："中国年轻人的悲哀啊！事业上和官二代竞争，感情上和富二代竞争，感觉竞争不过了。"知名网友五岳散人说："干得好不如嫁得好，自己嫁得好不如当年老妈嫁得好。"的确，面对这种现象，普通民众可能用调侃的方式来表达心中的不满，其实大家都希望追求社会的公正和公平。

张鸣：我觉得官二代也好，富二代也好，沾爸爸的光其实没法避免。

廖卫华：关键是这个人到底是不是靠自己的真才实学干上去的。

曾子墨：但是我们今天无论是网友，还是普遍社会民众就会有一个情绪，就是先不看你是凭能力还是凭爸爸，我先看你爸爸

资深媒体评论员 廖卫华

是谁，贴上一个标签再说，这是为了什么？

李强：我们知道任何一个公正的制度本身应该是大家机会均等，如果制度漏洞让一个人把他的权利和资源传给孩子了，这就是不公正的。

张鸣：辽宁石油大学那个 24 岁的副院长，大学公布材料说她完全合乎标准，她在英国拿了一个学士、一个硕士，所以引进人才按照特殊对待。一点没有公布这个 24 岁的孩子的政绩。那么，是不是所有到英国留学得到硕士学位的人都可以当副院长呢？

章文：提拔过程是怎么回事？

张鸣：根本没有给我们展示出她有什么特殊的地方。

林楚方：所以我们都说制度，到底制度是个什么东西，我们看得见吗，摸得着吗？

章文：不是某个人一句话说了就行，你要给我展示出来。

张鸣：你不展示出来，那符合条件的那么多，为什么就她能干，是不是因为他爸是市长呢？

温元凯：我做过两项研究：第一项叫"诺贝尔奖是怎么炼成的"，第二项叫"财富是怎么炼成的"。我总结了中国 3424 个上过财富排行榜的亿万富豪，正像刚才李强院长讲的，他们三十年前都是穷人。我发现美国著名大学像沃顿商学院、哈佛商学院的学生，很少讲自己的父亲干什么，讲父亲的工作本身就是一种低素质表现。我认为美国人有一点非常好，如果一个人说自己爸爸是部长，人家反而看不起你，姑娘们就喜欢那些白手起家奋斗的人。

曾子墨：很多人都说无论是政治、经济还是其他，都会有一种马太效应，就是强者越强，弱者越弱。在现实情况下，如果我是一个想跳龙门的鲤鱼，我能跳得过去吗？我即便有能力，我有这样的机会吗？有一个人，他和杨沐一样，年龄相仿，同样对音乐有着特别执着的梦想，但是他走的道路却截然不同。

资料：他叫白万龙，来自河北农村的北漂，父母都是普通农民。2004 年，16 岁的白万龙花了 80 元钱，买了同学的一部二手吉他，开始学练弹唱。2007 年技校毕业后，他只身来到北京，在西单、王府井等地的人行通道以唱歌为生。在漂泊北京之初，白万龙和好友李立国居住在被称为"蚁族"聚集地的唐家岭。2010 年 3 月 2 日上午，全国政协委员何永智、张礼慧、严琦在"蚁族"聚集地唐家岭考察，听完了他们演唱的"蚁族"歌曲后，在现场流下了眼泪，白万龙的故事因此贴着"蚁族"兄弟的标签在网络上迅速传开。

曾子墨：我想问问白万龙，现在每天要唱几个小时的歌，在哪儿唱？

白万龙：几乎北京所有的通道我都唱过，每天最少唱四个小时，最多的时候唱过八个多小时。

曾子墨：北京冬天特别的冷，夏天又是酷暑，在通道里面唱歌是什么样的感受？

白万龙：冬天的时候通道很冷，手伸不出来，唱歌的时候都是冻得通红。路过通道的人都不一样，有的也许会听你唱歌给点钱，有的就是看不起你的眼神，瞪你一眼，认为你是一个要饭的。但是，只要有音乐，我不在乎这些东西，所以我要坚持。

曾子墨：你家里支持吗？

白万龙：家里边不支持。

曾子墨：父亲怎么说？

白万龙：家里边还是希望我能有一份好的工作，觉得这样飘忽不定挺不靠谱的。

曾子墨：你刚才说有音乐支持什么都不怕，我能不能问你，有生活上的忧虑吗？像你现在每天唱几个小时的歌，大概能挣多少钱？能不能维持你的基本支出？

白万龙：只能说能活吧，最少的时候挣过一天一块钱，最多时候挣过八十多。

曾子墨：挣一块钱的时候是什么心情？

白万龙：其实这一块钱我挣得挺高兴的，是 2008 年的时候，我在西单地下通道唱歌，一个女孩给了我一块钱，钱上面写满了字。她说，这是她最后一次听地下通道的音乐了，因为今晚她就要回家了。这是她身上唯一的一块钱。她给了我，还有一个苹果。我觉得很有意义。

曾子墨：这是一个特别不一样的一块钱，那你想过未来会怎么样吗？

白万龙：未来遥不可及，我知道这条路很难走，但是我还是会坚持，因为我太热爱音乐了。

曾子墨：可是总有一天你会长大，你会在物质上有更多的需求，你想过怎么去面对它吗？

白万龙：走一步算一步，没有想那么多。

曾子墨：我最后再问一个问题，假如你的父亲是一个企业家或者公务员，你认为你今天的音乐道路要容易许多吗？

白万龙：肯定会容易很多。

曾子墨：白万龙的故事同样是一个让我们感动的励志故事，虽然千辛万苦，但是依然在执着地追求他的音乐梦想。

马诺：其实我很佩服他的勇气，如果是我，我应该不会这样。但是我觉得也许他会像西单女孩一样中头奖，因为如果他没有受到关注的话，他今天就不会坐到这个舞台上，这也是鼓励他的动力。

章文：让我感到担心的是，这个梦想可能有一天就要破灭了。

其实我觉得有个好爸爸

《非诚勿扰》女嘉宾 马诺

红方观众C：如果只是一味地不做个人提升的那种坚持，这种生存状态我有点担忧。

张鸣：不一定非得追求一个成功的人生，不成功可不可以？自己快意人生可不可以？我们不能要求说谁都成功，谁都上春晚，那是很荒唐的。

李强：我觉得一个公平的社会，应该让大家都有生存的机会，至少要让所有的年轻人都有就业机会。我们一定要在制度上为每一个公民设计出生存和发展的机会。

资料：这比较适合60后70初的人，虽然出身不同，但是通过高考可以改变命运，18年之后他们终于有可能和那些起点优越的同龄人站在同一个起跑线上。这比较深得"80后"的认同，因为出身的不同，大学毕业后大家的生活分化越来越严重，拉近相互之间的距离也越来越艰难。

曾子墨：也许在当年，对于很多"70后"的人来说，还有机会鲤鱼跳龙门；但是，今天"80后"、"90后"坐在一起喝咖啡，会变得越来越困难。借一个社会学的术语，社会阶层的板结现象会越来越严重。

第二次选择：
红方：能够消除拼爹的现象
　　　章文、温元凯、廖卫华
蓝方：不能够消除拼爹的现象
　　　林楚芳
白方：中立
　　　李强、张鸣

章文：拼爹时代是进行时，但我相信它终究会成为过去时，因为它不得人心，凡是不得人心的东西一定不会长久。

白方观众D：不论官二代、富二代，还是普通二代，脚踏实地，一步一个脚印地去努力，永远是真理。

曾子墨：这句话非常精彩，脚踏实地可能会比太阳还要光辉。我也想问问马诺，你为什么会认为，拼爹的现象会越来越严重？

马诺：我觉得所有父亲都愿意把自己最好的东西给自己的孩子，也有一部分孩子是啃老族，这个问题不可能一天两天就能解决。

李强：这取决于未来我们做什么样的制度设计，我们的制度设计漏洞很多，一个人的财富怎么那么轻易地能够转给他的子女呢？世界上很多国家在继承法上做得非常严格，如果你把你的财产转给你的子女，85%以上都会被征走，它的目的就是为了激发

投资顾问有限公司董事长

著名经济学家北京南洋林德投资顾问有限公司董事长 温凯元

第二代的积极性。

张鸣：比如说公务员考试恢复科举模式，设计成全国考试，它就会有基本的公平和公正，这个制度本身是很好设计出来的，为什么不做，我百思不得其解，我暂时对这几十年表示悲观。

温元凯：我给所有的二代送12个字：机遇，贵人相助，才能，勤奋，坚毅。贵人不一定是大官、大款，普通的人也可以成为你的贵人，一定要持之以恒，不怕困难，百折不挠，每一个人成功的钥匙都掌握在自己的手里。

章文：温老师一直在强调个人的奋斗和成功，不否认在任何一个时代，个人的奋斗和努力是个人成功一个很重要的因素，但是具体落实起来，我觉得这些东西是不够的。我觉得现在最大的问题是，要怎么样对权利进行监督和制约。

廖卫华：我们面临资源分配不公，板结结构日益固化，怎么解决？我觉得富二代、官二代的问题，不是他们自身的问题，一定是一代出了问题。给更多弱势群体提供更多的公共服务，让普通人也能够得到一般的保障。

林楚方：我觉得一个聪明的民族，肯定不能够让拼爹现象成为堂而皇之的东西。

一句话总结：

温元凯：中国需要加快一场真正的教育体制改革，不要老讲空话。

李强：改变二代现象，关键是做好制度设计。

林楚方：一、建议有关领导仔细看看这档节目；二、建议采取切实措施，让五年后不再有这样的讨论。

本期编导：学 慧

6. 助人将死?

□ 2011 年 9 月 25 日

社会需要建立公信，好事要做但量力而行。

扫一扫 看本期节目视频

        内容提示：老人摔倒无人扶，这样的新闻最近屡屡见诸报端。重庆一老人摔得头破血流，数十围观者中无一人将其扶起；武汉李大爷摔倒街头无人搀扶，最终窒息死亡。中山彭宇案，宁波彭宇案，天津彭宇案，全国各地彭宇案频发。

        天津彭宇案：天津车主许云鹤因搀扶违章爬马路护栏摔倒的王老太，被法院判赔 108606 元。这起被标记为"彭宇第二"的事件，将这起自彭宇案而未能收场的关于社会道德滑坡危机的大讨论引向高潮。那么，法律的判决能成为不扶老人的理由吗？许云鹤和王老太到底谁在说谎？

本期主持人：

高潮东

本期嘉宾：

陈　旭　资深律师

黄震云　中国政法大学人文学院教授
司马南　社会学者
倪方六　社会学者（南京彭宇案专访记者）

嘉宾选择：
红方：支持王老太
　　　　陈旭、司马南
蓝方：支持许云鹤
　　　　倪方六
白方：中立
　　　　黄震云

高潮东：我们看到支持许云鹤的朋友占了绝大多数，请问红方观众，您为什么要支持王老太呢？

红方观众A：我觉得虽然老太太跨栏是不对的，但是那个司机车是不是开太快了？我想既然他做了好事，为什么要逃跑呢？

蓝方观众B：司机当时是没有逃跑的，而是去扶那个老太太了。如果他真的肇事的话，我觉得他心里肯定特别恐惧，可能会逃跑。所以我相信司机说的。不可能撞了她还报警，对吧。

高潮东：我们在凤凰网上做了一个调查。认为司机当了好人反而被冤枉的占了90%，支持王老太的只占了1%，还有9%是中立的。接下来我们请南京彭宇案的采访记者倪方六老师谈谈。

倪方六：这个案子被称为天津版的彭宇案，我站到司机一边是有原因的，但在心理上很同情这个老太太。说句心里话，谁都有父母，那么大年纪了被撞着，从情感上我是同情她的。但是我们做任何事情既要以事实为根据又要以法律为准绳。它是个很普通的民事案件，民事案件有个很简单的原则，叫谁主张谁举证。

京城著名大律师 陈旭

陈旭：我回答倪老师的问题。目前来看起码这个司机是不能撇清自己的责任的，在这种情况下，一审判决认为他有相当责任，并且判定他承担相应的赔偿责任。我并不认为有什么不恰当。

黄震云：我个人认为，两方都没有说实话，讨论起来没有意义。

高潮东：您觉得老太太在说瞎话吗？

黄震云：肯定，因为老太太说车把她撞飞起来，倒回来再倒下去。这个69岁的老太太被撞成这个样子，还只是膝盖受伤，是绝无可能的。许云鹤也没有说实话。其实呢，在第二车道上的那个大货车应该说对老太太惊吓更大，许云鹤在大货车后面，也不能排除对她造成了惊吓，应该是双重惊吓。所以许云鹤想推得一干二净也是不可能的。

倪方六：一审结果已经出来了，司机承担40%责任，这证明从法官心里来讲，也认为司机是没有多大过错的。如果真能确定撞了老太太，法官会毫不含糊地判他承担百分之百的责任。

陈旭：所以这里面就有一个司法原则。民法关于责任分配有几个原则：一是过错责任原则，二个是无过错责任原则。在本案当中我相信更多使用了无过错责任原则，就像你刚才说的，在大家责任不明的情况下，那么出于某种考虑，为了公平，判司机承担相应的责任，我认为并没有什么不当。举例子说，我们雷雨天骑自行车，一根电线杆倒了，把我给电死了，电信局有什么过错？没过错。但是事实上，电信局也要承担赔偿责任，这个在法律上叫无过错责任。

司马南：老太太可能有夸大之词，司机又不能自证无罪。我们作为一个局外人，不能看了一段新闻就来断案，要以事实为据，而事实是法院判了小伙子是有责任的。

陈旭：司马老师说得特别对，在我们对全部案情没有了解的情况下，现在只能以法院判定的事实作为评判依据。

高潮东：我同意，没有调查就没有发言权，周东旭是专门采访了当事双方的，来说说你的看法。

周东旭（凤凰网记者）：采访过程很艰难，王老太太一家人对媒体的态度跟许云鹤很不一样。她一直跟我说，你们记者都是坏人，她很反感，而许云鹤就特别热情。所有的新闻媒体报道的信息大部分都是来自许云鹤的，王老太太家属就说许云鹤在利用媒体，给司法施加压力。

司马南：我的感觉可能跟有些人不太一样，有些人也许会认为这说明了王老太一家心虚，所以不接待记者。我认为王老太对于记者的婉拒甚至躲避，并不能说明老太太在事实上是理亏的。

周东旭：还有一个更复杂的社会原因，那就是彭宇案之后很多人都说好人不能当了，当这种舆论占上风的时候老太太就成了

千夫所指的对象，而老太太很可能有冤情。我们做了一个栏目叫
《自由谈》，双方都可以在节目中陈述自己的观点。特别明显的是，
双方说的事实很不一样。

高潮东：来看看他们各自是怎么说的：

> 许云鹤：我救你，你说我撞你，还起诉我。
>
> 王老太：你要真是雷锋，交通队没有必要把你的车扣
> 起来。你肯定跟这个事儿有关联，你是肇事者。
>
> 许云鹤：我是准备去那儿左转，然后看到一个老太太
> 在横穿马路，我就减了一下速，没想到她脚一落地就有点儿
> 不稳，直接摔那儿了。她说要我拿8万块钱，否则找人弄我。
>
> 王老太：他说我威胁他，不给我8万我就会找人办他。
>
> 许云鹤：离护栏的距离。这个警察有照片，可以证明。
> 当时我也看了，大概离护栏还有半尺远。
>
> 记者：碰着栏杆了吗？
>
> 王老太：碰着了。
>
> 许云鹤：这钱不应该我掏，我真不敢多说，怕说完之
> 后会有什么不良的后果。
>
> 王老太：他说他回去找同学借去，先凑点儿，当时挺
> 可怜的。
>
> 记者：他们给您打过电话吗？
>
> 许云鹤：没有。
>
> 王老太：交通队都联系不上他，我们能联系上吗？

高潮东：基于这些采访，你来判断一下，你会选择支持哪一
方？

周东旭：如果选择的话我会坐在蓝方，因为我比较感性一点。

助人将死辩论现场（左：黄震云 右：陈旭）

许云鹤那个人特实在，特老实。

高潮东：那为什么还说瞎话呢？

周东旭：如果我是他，在那种那种情况下。一慌，可能也会说瞎话。

高潮东：我们把这个问题引申到一个更深的层次，假如你在路上遇到一个老人，摔倒了，你还敢不敢扶？

第二次选择：

红方：敢扶

陈旭、黄震云、司马南

蓝方：不敢扶

倪方六

白方：视情况而定

陈旭：蓝方人多，说明这个社会还是讲道德的。

黄震云：这个是必需的义务。

高潮东：如果摔倒的是彭宇案中的那个老太太，您扶不扶？

黄震云：那也得扶，这是义务啊。

倪方六：他在撒谎。

高潮东：您说，他为什么撒谎？

黄震云：交通法上规定了，这是我们的义务。

倪方六：老太太赖你身上怎么办？

陈旭：她赖上我就承担啊，你怎么知道她会赖上我？

黄震云：救死扶伤不是道德问题，是义务。

倪方六：如果大家都像你这样想，咱们就不用讨论了。

司马南：我来说一个极端情况，假如我没有碰到彭宇案的老太太，但是她"咣"，倒了，说我撞着她，我怎么办？我在救助她之前掏出手机，把现场拍下来不就完了吗？好事要做，只不过要量力而行，要寻求证据保护自己。

陈旭：司马老师说得特别好，我们不能见死不救，但是要智慧地去救。

高潮东：还有一个问题，万一你身边没人呢，比如你在荒郊野外，撞上人了之后你也掏出手机拍么？

倪方六：这就是违法，是有意做伪证，你做贼心虚才这样呢。

白方观众C：有一次我骑自行车，骑得比较快，一个老太太从我身边走过去，当时我并不会撞到她，但她一害怕就倒在了我车前。当时我就下来了，后来经过医院检查，说她的腿骨折了，我说我没有撞到她，她家里人谁都不信。

高潮东：那老太太应该作证啊。

白方观众C：老太太不说话。她后来说要找到我学校去，我

有人碰瓷我们也要救人

社会活动家、著名媒体人 司马南

当时还小，很害怕。我想她可能是觉得不管我撞没撞到她，反正她是被我吓了一跳，要不然也不会摔倒。这件事可能跟我的经历有点相似，老太太也许只是被他吓到了，倒地后就受了伤。

高潮东：蓝方观众，你们以后见了老人倒地都不敢扶了是吧？

蓝方观众D：我想说的是，从小我接受的观念就是要见义勇为。但是这件事儿发生以后，见义勇为这四个字咱已经不提倡了。

陈旭：我们有能力去扶人家一把的时候，还是应该帮忙。

高潮东：这事儿出来以后，实际上全国发生了多起相似的案件，每一个案件的当事人都说自己是另外一个彭宇，说自己是被冤枉的，大家来看一则消息。

资料：2010年11月22号，有个宁波的驾驶员在网上发帖声称他好心扶起了一位倒地的老太太，而老太太的家属却恩将仇报，硬说他是肇事撞人，这件事情后来进入司法程序，并被网民称为是宁波版彭宇案，宁波鄞州区人民法院对此案做出了一审宣判。

法院审理确认，2010年11月22号下午4点多，被告人严丹途径宁波贸城东路菜场路段时，与沿人行道线过马路的吴老太刮擦，造成对方5根肋骨骨折，经交警部门认定，被告人严丹负本次事故的全部责任，因此判处严丹和其车辆投保的保险公司分别赔偿原告4400多元和1.8万多元。现场刮擦痕迹和物品的散落范围以及被告的行程路线等都证实这是一起交通肇事，事故发生后，严某曾在网上发帖说他好心扶起一位倒地老太，老太家属却恩将仇报，硬说他是肇事撞人，对此吴老太的家人认为严某的不当言论损害了他们的名誉，因此要求赔偿一万元的精神损失费，法院认为这起赔偿应该另案起诉。

南京彭宇案专访记者,南京信息工程大学兼职教授 倪方六

高潮东：大家看到了吧，假彭宇案，再来看一个。

　　资料：2011 年 1 月 31 号上午，三岁的小彬在家门口玩，被一辆车撞倒，经抢救无效死亡，小彬的家属赶到现场时，只有骑摩托车的萧小姐在场，当时他正在帮忙呼救，因此小孩父母怀疑萧小姐就是肇事者，警方调查后认为证据不足，随后张贴告示，寻找事故的目击证人，经调查，事故发生的时候还有一辆面包车，肇事司机也于近日在湖南自首了，并且交代了案件的全过程，而无辜的萧小姐在警方破案之前精神压力一直很大，如果找不到肇事司机，自己可能就要背黑锅。

　　萧小姐：我再也不会这么勇敢了，应该想个稳妥的办法。如果是我有能力的话还是会帮忙的，我不希望见到见死不救这种情况，毕竟是一条人命。

高潮东：大家看到了吧，真真假假的彭宇案实在是太多了。回到天津这个案子当中，现在比较主流的说法是救人还是要救的，但要先取证。那么问题就来了，我们救人之前一定要先取证吗？

司马南：看了这两段资料，我没那么纠结，我恰恰认为社会舆论夸大了这种纠结。我们要相信法律，事故的调查没那么简单，不要高估了撒谎者的智商，要相信大家的眼睛是雪亮的，对法律要有信任感。

黄震云：我补充一句，很多情况下是无法取证的，不是司法不作为。

高潮东：这种情况下怎么办？

黄震云：我觉得彭宇案就处理得很好，政府买单。

倪方六：三位专家谈得头头是道，你看看到现实中他们会怎么做。

高潮东：您觉得他们道貌岸然。

倪方六：说的比唱的好听，其实操作起来真的很困难。

高潮东：关于道德层面，您最想说什么？

倪方六：他们都是道德的，我们是不道德的，因为我们不愿意去救人。

高潮东：不论是南京的彭宇案还是宁波、天津的彭宇案，为什么闹得这么大，就是社会道德感在消失。

倪方六：如果我明明没撞人，法院判我输，那么将来我就不敢再做好事了，道德感也就慢慢冷却下来，法律本身的功能也失去了。

司马南：这个逻辑有问题。因为你可能碰瓷，所以我不救你；因为法律不完善，所以我们不服法律判决；因为有人拿钱去干别的事儿了，所以我们不捐款；因为有的男人要出轨，所以我不结婚；因为有的孩子可能生下来残疾，所以我们不生孩子。

倪方六：你这个完全是胡扯。

黄震云：为什么都是老人出问题？他们有的可能是吓蒙了，忘了当时真的发生了什么事，不一定全是碰瓷。我们的法律体系刚刚建成，但是整个社会的道德伦理体系没有重建，还是封建那一套，这是个大问题。王老太为什么要爬栏杆，因为其他地方没法走，不方便。城市发展了，但反而不便捷了。

一句话总结：

陈旭：以事实为依据，以法律为准绳，是处理此类案件的基本原则。

司马南：社会需要建立公信，好事要做但量力而行。

黄震云：要想享受美好人生，还要依仗和谐社会的建设。

倪方六：不说假话少说空话，我们的社会就更和谐了。

本期编导：毕　铭

7. 寻找道德血液

□ 2011 年 3 月 9 日

住房领域和食品领域更应该倡导道德因素，因为它关系到每一个人的安全。
道德跟法律并不矛盾，遵守法律是应该的。

扫一扫 看本期节目视频

内容提示：2011 年 2 月，温家宝总理在与网友对话时对房产商提出告诫。温家宝说："房地产商作为社会的一个成员，你们的身上也应该流着道德的血液。"房产商是房地产市场发展的重要一环，但他们也因捂盘惜售、虚假宣传误导舆论、质量低劣等饱受争议。房产商是否缺少道德血液？道德血液与利益诉求又当如何平衡？

本期主持人：

曾子墨

本期嘉宾：

李　飞　香港宝新集团控股有限公司营销总监

陈葆存　全经联研究院副院长

杜　猛　北京大学人居环境中心专家委员会副主任，资深房地产商

吴祚来　中华文化促进会理事，凤凰名博

孟宪生　北京仁和律师所律师

娄立平　建设部中国城市科学研究会住房政策和市场调控委员会主任

嘉宾选择：

红方：**房地产开发商流淌着道德的血液**

　　李飞、陈葆存

蓝方：**房地产开发商缺乏道德的血液**

　　娄立平

白方：**中立**

　　杜猛、吴祚来、孟宪生

曾子墨：杜猛先生，您为什么会选择中立？

杜猛：任何一个东西都是有道德的，特别是经济道德，而我

北京大学人居环境中心资深房地产商 杜猛

们是最缺乏经济道德的一个国家。开发商的形象在国民中的形象
就是劈山开地、偷税漏税、官商勾结、缺斤少两。

曾子墨：您认为开发商缺乏道德血液，为什么您中立呢？

杜猛：这里面因素又多，不能因为房价高就把这棍只打在开
发商身上，他只是经济参与者。

曾子墨：还应该打在谁身上？

杜猛：我认为地方政府也是有责任的。

孟宪生：应该说在这种复杂的社会环境下，有些开发商可能
违背商业道德，甚至违反法律，也还是有一部分能够坚守商业道
德以及社会道德，所以，不能明确地一下就把开发商都推到道德
审判台的另一边去。

曾子墨：李飞先生是开发商的代表，您感觉您坐在道德审判
台了吗？

北京仁和律师所 孟宪生

李飞：有一点，但是我可以负责任地说一句话，我只是开发商一个小小的代表，我拥有道德的血液。

吴祚来：在住房领域和食品领域更应该倡导道德因素，因为它关系到每一个人的安全。

杜猛：我不同意。

曾子墨：那你们俩怎么坐一块呢？我认为有 70% 到 80% 的开发商都没道德。

杜猛：你看看北京的楼盘，哪个楼盘没问题？你看看开发商，哪个开发商敢说他没有违规行为？

曾子墨：我相信很多人可能都有相似的经历，在买房的过程中，感觉到这不是一个平等、公开、透明的交易。

资料： 前不久，记者来到北京市海淀区鑫德家园小区，小区居民告诉记者，小区的开发商把居民楼里的消防通道卖了出去，不仅如此，开发商还把一层的公共卫生间、部分设备间和包括消防通道在内的大堂等，共计 1960 多平方米的公摊面积都给卖了。在现场记者看到，现在消防通道外的大堂是一家服装店，原本可容纳两个人并排走的过道被挡住了一半，通往楼外的大门也无法打开。居民们讲，目前小区共有业主 292 户，居民 1000 多人，现在整栋楼就这一条消防通道，又被服装店给占了，一旦出现险情，服装店的大门又打不开，仅靠两条狭窄的通道显然不足以满足逃生的需要。鑫德小区的情况仅仅是众多纠纷中的一例。近年来，关于公摊面积的争议从没停止过。

曾子墨：短片中的几位主人公也来了，有一位高爱玲阿姨，给我们讲讲您的感受？

高爱玲：开发商把我们的消费通道、公摊面积、公用面积给卖了，我们去告开发商，开发商就说他们有建委发的房产证，我们就败了。我们找建委，建委说去告开发商。到法院去告建委，法院不受理，三年了都没解决。

曾子墨：您能不能给我们讲讲作为那儿的居民，在消防通道被封上以后，安全上有没有什么担心。

高爱玲：2008 年 6 月 3 号发生了一次火险，一位女士做饭的时候不幸把半桶油碰到灶台上了，"呼——"一下火就着起来了，如果抢救不及时，很可能上海胶州路事件就发生在我们小区。

红方观众A：这位阿姨说的是住房质量问题，的确是属于开发商的不道德行为，但是我觉得开发商是一个企业，他最大的义务是纳税，最大的权利是盈利，如果企业不纳税，他就是不道德的。

曾子墨：我们是不是应该评价开发商有没有流淌着法律的血液，而不是去评价他流没流淌着道德的血液？

吴祚来：人要守住道德底线，这是每一个人都应该做到的，但是道德还有一个崇高的追求，你不能要求别人有崇高的追求，另外，道德它只在熟人社会才有用，陌生人的社会必须用法律去制约。

曾子墨：娄先生您的观点呢？

娄立平：我不同意吴先生的观点。我觉得道德跟法律并不矛盾，遵守法律是应该的，是道德的底线。但是，只有道德崇高的人才能更好地遵守法律。

曾子墨：除了出售消防通道、出售公摊面积算违法行为，还有呢？

娄立平：比如说从拿地的环节开始，他们就私下沟通针对招拍挂，为了囤积居奇、圈地囤地，尽可能地拖延时间，让土地增值，获得更多暴利，这种土地取得形式没有遵守规定，并且这样的现象比比皆是。

电话连线知情人：

曾子墨：我们现场也连线到一位对一线售楼情况非常了解的知情人。喂，您好，我想请问一下，在售楼过程中，消费者会质疑开发商用了种种猫腻的手段甚至是欺诈吗？

刘小姐（知情人）：其实猫腻很常见，举个例子，开发商所谓的亲水楼盘，有可能是在离臭水沟很近的地方，或者这条河并没有水，即使有水也是偶尔的，这就给消费者入住带来很多负面的影响。

曾子墨：我是专门做营销的，什么叫营销？就是策划加销售。李飞先生，您也负责营销，怎么看她刚才的这番话？把臭水沟说成青山秀水算是营销吗？

香港宝新集团控股有限公司营销总监 李飞

李飞：算。

曾子墨：你怎么看待这样的营销？

李飞：手法很一般。

曾子墨：道德吗？

李飞：没有不道德，他说得很明白，旁边就是水。

曾子墨：但是烂水沟和青山秀水是有差别的。

娄立平：策划等同于包装。

曾子墨：就是说一个丑姑娘，你也说她是个大美人，只要嫁出去就算数？

李飞：对，其实归根到底就是这样。

陈葆存：如果这个水沟都成了臭水沟，尤其咱们北方，这是谁的责任？肯定不是开发商的，既然是河流就应该是治理好的，这个责任不在开发商。

曾子墨：如果只有拥有不良行为或缺乏道德血液的企业，才能在这个行业生存的话，那这个行业到底怎么了？

吴祚来：每个行业都存在大量的潜规则，这是整个社会的问题。

曾子墨：您的意思是开发商也被潜规则了？

吴祚来：每个行业都是一样。

曾子墨：大家同意这样的说法吗？

现场观众（所有人一起）：同意。

曾子墨：我们还是来回到开发商的问题，一直有人说开发商追求利益最大化无可厚非，也有人指责开发商。那么开发商在追求利润的同时，能不能流淌着道德的血液，这两者有没有一个很好的平衡点？

第二次选择：
红方：道德血液和利益诉求能够取得平衡点

李飞、陈葆存、吴祚来、孟宪生、娄立平

蓝方：道德血液和利益诉求不能够平衡

白方：中立

杜猛

红方观众 B：我们中华民族历来就有好传统，讲究诚信的商家得以百年薪火相传，而不讲道德的商家一定不会基业长青。

蓝方观众 C：我觉得，就当下的情况来看，如果做到道德和利益合一的话，不太可能，有些问题不仅仅是开发商所能决定的。

杜猛：中国一个开发项目有时候涉及一千多个合同、N 多个合作伙伴，在参与合作的伙伴中，至少有 60 多种行业。刚才大家都承认，每个行业都存在着或多或少潜规则和道德问题，我们只要求开发商生活在真空地带，这不现实。反过来讲，为什么大家都指责开发商？因为它的利润大。

曾子墨：很多老百姓就觉得房地产开发是暴利，您认为呢？

杜猛：严格来讲是不折不扣的暴利。零售业利润只有 3% 不到，制造业 5% 不到，交通业 6%，开发商的利润能够保持在 20%。

曾子墨：李飞先生，您认为中国的房地产开发商是暴利吗？

李飞：我认为现在不是，原来是。

陈葆存：当然不是暴利，中国的房地产的全面开发仅仅 12 年，是个幼年行业，也是在咱们的需求甚至是不理性的需求下完成的。利润也不能一概地讲，你要是 2002 年拿的地到现在才开发，当然利润高，但是你要是现在拿地，明年就开发，利润就很低了。

吴祚来：像奥林匹克公园，国家投资大概有几千个亿，然后整个北京和奥林匹克公园周边的房价全部飞速上涨，这个上涨是谁造成的？是政府用巨额的财富来打造城市造成的。我以前在奥林匹克公园旁边有一套房子，70 多平方米，30 万不到买的。

委员会主任 娄立平

曾子墨：后面有观众说你发了。

吴祚来：可是我 35 万就卖掉了。

曾子墨：原来没发。

吴祚来：我本来可以成为一个暴发户的，但是我把这个机会送给别人了，这怪谁呢？

李飞：怪你自己。

吴祚来：如果我把它惜售了，我现在卖 200 万，你能说我是一个不道德的人吗？

娄立平：我觉得开发商现在这个阶段肯定是暴利，但是暴利是相对而言的，是相对于其他行业来讲的。

曾子墨：那也就是说我们的国企如果是垄断行业的话，利润可比这高得多了。

娄立平：这个是事实，当然，开发行业要是跟中国移动、中石油比，可能也还没有暴到那个程度。

孟宪生：谈价格必须把法律层面和道德层面分开，假设开发商完全是合法地经营，那么就算利润是 20% 到 50%，它也是合法的、正常的。

曾子墨：大家都谈到了制度，谈到了整个行业，谈到了机制的问题，所以我想请各位给我们出出主意，怎样才能有道德的造血机制？怎样才能够从制度的层面来解决这个问题？不仅是开发商，让社会的每一个参与者都能够流淌着道德的血液。

红方观众 D：能达到一个平衡点最好，但现实生活中是非常难的，所以我觉得还是通过加强法制建设，用更多的规则去约束，才能达到一个完美的状态。

白方观众 E：我觉得只要各个岗位的人能够各尽其职，就会各自激发心中的道德意识。

杜猛：解决这个问题必须得从制度、法律上着手，你要让一个人放弃利益选择做好人，太困难了，开发商几乎是做不到的。

红方观众 F：想问一下杜猛老师，您一直说最清楚开发商的猫腻，我想请问在买房的时候要特别注意哪些点？从百姓的角度讲一些减少损失的办法，谢谢。

杜猛：第一，不要相信所有的中介；第二，能买近的就别买远的，能买小的就别买大的，能现在买就别以后买。你要指望未来的房价降下来，痴心妄想。

陈葆存：我跟杜猛老师的感觉是一样的。

曾子墨：有网友说："开发商的本质就是赚钱，不赚钱的企业也没有竞争力，开发商赚了钱是要纳税的，难道道德血液不应该从收税这部分输出？社会保障到底应该是谁的责任？"也有网友说："每个人血管里都应该流着道德的血液，政府也是如此。"说到制度的变革，有没有些具体的做法？

吴祚来：我觉得现今能做的事情就两点：第一，成立一个公民调查团，彻底调查整个利益链，看每个环节赚了多少钱，然后把它晒出来；第二，建立一个道德评价体系，比如让每一个购买房子的人到凤凰网来投票，看看中国的房地产商谁道德排名是靠前的，谁是垫底的。这个也许能起到一定的作用，其他就是靠制度、靠法制了。

娄立平：有一个道德的评价体系和准则，让每一个从事开发的企业都按照这个体系和准则去做。

孟宪生：刚才大家都谈到了制度建设，我强调一个观点：制度包括法律，它是道德的最底线。改革开放以后，我们的法制基本上是健全的，现在的问题是执行得不够。

李飞：现在"十二五"新规划要求农村城市化，鼓励大家都到城里来，那么城市的人越来越多，基本的建设是明显跟不上的，从北京对汽车、对买房的限制就可以看出来。房子只有这么多，地也只有这么多，人却越来越多，怎么办？所以刚才杜猛老师说了，要想买房，趁早。

曾子墨：房地产开发商是不是流着道德的血液，我想探讨这个话题并不重要，我们都应该反思我们应该拥有一个什么样的机制，我们应该如何从法制层面去营造一个输血机制。

一句话总结：
蓝区观众：道德是一个企业的经营底线。
白区观众：通过我们的节目，促进开发商道德血液的循环。

本期编导：孙 钊

第四章 文化危机

1. 华语电影的突围之路

□ 2012 年 5 月 25 日

中国难出好电影，责任究竟在谁？

扫一扫 看本期节目视频

　　内容提示：2012 年 5 月 16 日晚，第 65 届戛纳国际电影节开幕。电影节期间展映了来自 30 多个国家的 91 部影片，华语电影均无缘主竞赛单元，仅有娄烨的《浮城谜事》入围了"一种关注"单元。华语电影是否会像台湾和香港市场一样，继续无缘戛纳甚至威尼斯和柏林电影节？几个月来，国产片票房低迷是一时跳水，还是长期持续的危险信号？在未来，好莱坞电影的更多引进，对华语电影究竟是利是弊？

本期主持人：

闾丘露薇

本期嘉宾：

田卉群　北京师范大学艺术与传媒学院副教授

王旭东　中国电影评论学会学术活动部主任

邓　科　《坏孩子的春天》导演

危　笑　《让子弹飞》编剧

田　蒙　《倔强萝卜》导演

嘉宾选择：

红方：戛纳电影节没有获奖意味着华语电影的衰落

　　　田卉群、王旭东

蓝方：没有获奖也不能说明什么

　　　邓科、田蒙

白方：中立

　　　危笑

闾丘露薇：那么，戛纳电影节没有获奖，是否意味着华语片的衰落？

田卉群：我觉得获奖与否没有那么重要，但我个人还是认为华语片确实在衰落。

闾丘露薇：为什么呢？

田卉群：因为我们可以看到，以前获奖的电影主要分三类。一类是现在已经成为禁区和雷区的反思题材的影片；一类是已经被开发成荒漠的武侠电影；再有一类是低成本的，表现个人生存状态的电影，但是这类电影目前已经沦落。通常把发生在一个人身上的倒霉事累积在一起，以为这个人倒霉到底了，这就是对小人物的关怀，在这个人物身上，已经缺少那种生命力了。如果用评奖来衡量的话，衰落是肯定的。

邓科：我觉得电影归根结底是一个商品。早些年我们的影片在国际影展上能频繁获奖的原因是什么呢？是那个时候中国没有

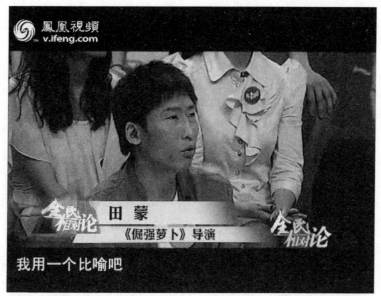

《倔强萝卜》导演　田蒙

电影市场，那个时候的导演想通过影片回收成本，你只能去参加影展，拿奖金。没办法的选择，市场决定了。现在中国电影有了市场，所以大家慢慢地又回来拍商业电影。我觉得，这并不是衰不衰落的问题，可能是市场环境变了。

　　王旭东：首先，我们把华语电影放到世界的电影橱窗里来看，中国电影有没有自己的美学体系？答案是没有。1999年，伟大的电影导演兼理论家戈达尔曾经说过一句话，谈到他对中国电影的总体印象，叫亚洲口味欧洲风格的美国电影。现在的中国电影只是亚洲口味，连欧洲风格都丢了，直接奔美国电影，没有自己独立的文化。在里面很少看到民族属性，非常少，成了"华莱坞"。

　　闾丘露薇：不过作为观众来说我很肤浅，好看就行了。

　　蓝方观众A：我举个例子吧，春节的时候公司发了几张电影票，我就给我爸妈了，说你们要不要去看电影。我爸妈大概有二三十年没有进过电影院了，他们就去看了《饭局疯狂》。我爸妈回来以后说挺好，比他们七八十年代看过的电影好很多。而且他们觉得特别开心，不是因为这个电影，而是觉得比他们那个时代好很多了，这是一种进步。

红方观众B：但是对于我们新生的"90后"来说，出生一接触到的东西跟六十年代的人相比不一样。

闾丘露薇：参照系不同了。

红方观众B：比如美国人，美国人一冲进来就跟中国人谈人权，因为他们生下来就觉得人权是很重要的。所以，我们就觉得中国电影也应该像外国电影那样，我们没有过去这个参照物。不是说过去到现在有进步，就表明中国电影没有衰退，有可能进步得越来越慢。

闾丘露薇：你们觉得如果一部电影不好看，这个责任是不是就应该归咎于导演？

白方观众C：我觉得一部电影的成功与否跟导演绝对是有很大关系的，但是不能百分之百归责于导演。因为还有编剧，电影剧本也很重要。我觉得不能够太过苛责现在的电影人，因为现在环境太复杂，应该对中国电影抱有希望。

王旭东：20世纪40年代的法国，导演不愿意一个人署名，有分镜导演、现场导演、文学导演。导演要给自己减负，你一个人署名了，就要担起百分之百的责任。

田卉群：如果电影的类型工业特别成熟的话，会有制片人中心制、明星制，那么导演甚至连后期剪辑机房都进不去。在咱们国家，之所以形成导演中心制，就是因为我们没有这种类型工艺。

闾丘露薇：我们其实也做了一个票房统计，比如那个《复仇者联盟》，一个星期的票房就已经两亿多了。

田蒙：《复仇者联盟》，我觉得它是像麦当劳、肯德基这样的快餐食品。

田卉群：我的从业者朋友说过这样一句话，电影创造时尚！电视剧是"得大妈者得天下"，但电影其实是"得年轻人得天下"。《复仇者联盟》、《泰坦尼克号》、《超级战舰》等，都是得年轻人。

闾丘露薇：危笑，你在进行剧本创作的时候，投资方会不会干涉你的创作？

危笑：关于这个，我不是一辈子只拍一部电影，所以不存在所谓的婚姻论。我要不停地跟新的投资方结合，打个比方，我是为了生小孩，而不是为了谈恋爱。当然，也有很多导演一直是谈恋爱的心态，我很敬佩，但是这个心态并不一定适合市场。我可能就不是这种人，我只希望有一个孩子，孩子茁壮成长就行了，我是什么人不重要。

闾丘露薇：孩子是什么种族也不重要。

危笑：也不重要，但是我特别喜欢刚才王老师说的那句话，中国电影是亚洲种欧洲风格的美国电影。这句话可以推广到人身上，中国的年轻人其实也是亚洲种带着欧范儿的港台人或者是美国人。

闾丘露薇：那我们来看一下国产电影，《赛德克巴莱》口碑非常好，但是从票房的角度来看，和口碑相差得蛮远的。问一问这部电影的导演，魏德圣导演，您在跑大陆、台湾还有香港各大影院的排期的时候，觉得有什么分别吗？

魏德圣（《赛德克巴莱》导演）：大陆和香港都是我们不熟悉的环境，对大陆观众来讲，这部电影可能要有口碑发酵以后，才会有票房。因为它并没有所谓的大明星，大陆这边还没有确定引进之前，也不能做宣传。重点是我最近才发现，大陆真的太大了，怎么做都好像不够，我还没有想清楚怎么解决这个问题。

闾丘露薇：大陆有很多电影导演很有理想，但是他们做的电影票房却不理想。

魏德圣：看得到摸不到，你觉得大陆市场很大，关键是怎么抓住市场，怎么把人群变成实际的观影人士。

闾丘露薇：那么问问大家，拍电影是否就应该要以市场口味为基准，还是不用迎合市场而应该表达自我？

第二次选择：

红方：应该以市场为基准

　　　田蒙、邓科、王旭东

蓝方：电影要自由表达思想

白方：中立

　　　危笑、田卉群

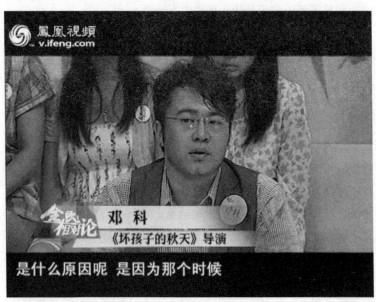

《坏孩子的秋天》导演 邓科

蓝方观众D：我觉得这个问题本质在于怎么定位电影。电影到底是艺术还是商品？我认为首先是艺术，然后才是商品。作为一个观众，我问一个很简单的问题，中国电影人凭什么让消费者走进电影院看电影？我觉得有三点，第一是好故事；第二是技术，包括视觉效果什么的；第三是艺术性。但是，我发现我们现在很多的电影人，在以己之短攻彼之长，搞大制作，搞技术，但是偏偏放弃了故事和艺术性。

田蒙：开始的时候，没有名气也没有钱，这个时候那你可能就需要妥协，举个例子，去年小清新比较火，我们说邓科我给你一千万你来拍个小清新，你拍还是不拍？

邓科：这个机会肯定还是愿意接受的。

田蒙：对，很多的时候不是我们来选择，是市场来选择了我们。给你这样一个题材，接受了，之后再去里面加你自己的东西，保持艺术性。

闾丘露薇：邓科，我想问，你如何判断你摸准了市场？

邓科：我没有什么经验，就只有试。我其实拍了两部电影，我的第一部电影叫《坏孩子的秋天》，是一个低成本电影。讲的是我小时候的一段生活，正好有投资方愿意投它，我就把它拍成了一部电影。但是拍完之后完全上映不了，就只能在什么金鸡、柏林拿一些奖而已，到现在不了了之，放在我家柜子里面发霉，投资方也很苦。我很喜欢导演这项工作，所以还想继续参与进去，那我就必须得改变我的方案了。这个时候我就去主动接触了很多投资人，他们直接告诉我现在恐怖片很火，你愿不愿意拍？我作为一个年轻导演，要从业的话，必须得拍。就像田蒙讲的，我只能尽量让这个恐怖片高智商一些，不要拍得那么烂，有一点我个人的特色就足矣了。所以，我觉得对于年轻导演来说，有一个机会是更重要的，至于什么艺术性、故事性，我们希望去达到，也在努力的过程中，请给点时间。

闾丘露薇：危笑，你选了中立，这好像又是谈恋爱和结婚的问题吧？

危笑：必须是，我个人很难想象什么片子才是迎合观众口味的片子。一个观众，看片子像在找男女朋友，就是我无法跟你描述那个人是什么样子，但是我能说一些特点，至少得1米80，或者要长发，但是具体什么样我真不知道，但是只要看一眼马上就知道了。类比到电影上，我们拍片子的时候，只能知道观众的大概口味，但是这仅仅是一个基础，仅仅是用来筛选的一个标准而已，真正扎在观众心眼里的那个东西，化学反应是非常微妙的。我觉得往往真正能够吸引观众的，恰恰就是作者最坚持的东西，而不是迎合观众的东西。

闾丘露薇：田卉群，你每个星期都要审几部片子，有没有哪个导演，太过于坚持自我，最后电影不能和观众见面的？

田卉群：有一个美国电影人说过这样的话，电影定义很多，第一是商品；第二是合作；第三才勉强是艺术。我举个例子，科波拉，他是怎么碰触到艺术的呢？首先是商业合作，没有钱就去拍《教父》，挣到钱了就去拍《现代启示录》，钱亏光了，再拍《教父续集》，挣到钱再去拍《谈话》之类。前两年我看了他拍的很老的一部片子叫《没有青春的青春》，是他用自己那个葡萄园还是酒庄赚的五百万美金去拍的，说实话蛮沉闷的，但是很好。所以说拍电影嘛，拿了谁的钱要对谁负责。

王旭东：中国其实不缺乏有才华的导演，缺有魄力的制片人。为什么这么说？在好莱坞，制片人叫导演背后的导演，他要帮助导演把握市场，发行，和院线打交道。我们的导演应该把全部的精力用于创作上，和市场接轨这一块交给制片人，保障片子能够和更大范围内的观众产生交集，确保投资是有效的。

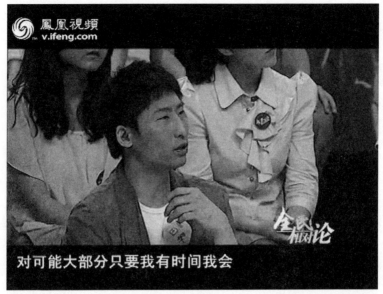

对可能大部分只要我有时间我会

《倔强萝卜》导演 田蒙

　　田卉群：我有一个朋友，和制片人合作剧本，制片人就问，你们现在写东西，知道谁决定了电影吗？我们说观众啊，他说不对，影院经理决定电影！这是一个很残酷的事实，不过也很好理解，本身就是做生意嘛，赚钱重要。我觉得等中国的院线逐渐成熟起来，过了资本原始积累的阶段，然后就重征美国片的税，补贴国产片，或者在大学生和中学生人群中去建立院线。我们不是有一个大学生电影节嘛，这十几二十年放了很多电影，1992年的时候有好多电影，大学生看了都说，天呐，这么好的电影，怎么电影院里看不到？比如张建亚的《三毛从军记》，黄建新的《背靠背脸对脸》。现在呢，这些学生也会去看，像伍仕贤、陆川他们的处女作《独自等待》、《寻枪》也在这里放，都说这些观众真好，那么热情的掌声，当然前提是票价只有两块钱或者五块钱。

　　危笑：我赞同田老师的看法。

闾丘露薇：你刚才说用作坊跟院线来抗衡，好像不行啊。

危笑：这就是问题。打个比方我是院线，那边是做豆腐的工厂，人家是拿冰冻卡车运过来的保鲜豆腐，邓科你推一个独轮车过来了。别人问你是哪儿的，你说我姓邓啊，我们家豆腐做了二十多年，有用吗？作为经理，你也会要冰冻卡车上的豆腐吧。所以，这个事情我就是个人发发牢骚，近期肯定是解决不了的，也不是美国和中国的问题。别人比我们前进得早，功夫用得多。那么，是不是我们中国的电影质量就不如他们？总要有一个过渡阶段嘛，从某种意义上说这是 18 岁的一个孩子和一个 10 岁的孩子在赛跑，你老抱怨说这个 10 岁的孩子怎么被甩那么远啊，不能这么聊。

闾丘露薇：年纪不同。

危笑：对，10 岁孩子有 10 岁孩子的天空。

一句话总结：

田卉群：我说中国电影有危机，不是因为我刻薄，而是我也热爱它。

王旭东：中国电影观众最可爱，我及所有的从业人员有责任为他们做出好的作品来。

本期编导：毕 铭

2. 下一代，你还会说方言吗？

□ 2012 年 7 月 5 日

语言应多样化，普通话和方言并不对立。

扫一扫 看本期节目视频

　　内容提示：广东一所小学禁止全校师生说粤语，苏州某公司禁止员工在公司内讲方言，一系列极端的事件，让方言又成了舆论的焦点。在 20 世纪 90 年代，广东的粤语节目处于巅峰期时，竟占到了市场份额的 72.5%。而近些年，广州市为营造良好的语言环境，已增加电视频道的普通话节目，经网络调查显示，只有 20% 的受访者支持，众多"老广"联名抵制，捍卫粤语播音。而就在几个月前，上海曝出的电台主持人，让听不懂上海话而提意见的外地人"团成一团，圆润离开"的事件也闹得满城风雨。

本期主持人：

闾丘露薇

本期嘉宾：

汪　平　苏州大学文学院教授

孙宏开　中国少数民族语言学家

张振兴　中国社科院语言研究所研究员
刘丹青　中国社科院语言研究所副所长
万建中　北京师范大学民俗学教授

嘉宾选择：
红方：方言类节目应该发扬
　　　汪平、孙宏开
蓝方：方言类节目应该退出电视屏幕
　　　万建中
白方：中立
　　　张振兴、刘丹青

闾丘露薇：大家认为方言类节目是不是应该退出电视屏幕呢？

万建中：普通话更便于来自不同地区的人交流，这是没错的。我到北京已经 20 多年了，讲的还是标准的江西普通话，虽然我讲课还是比较生动的，但是到了期末学生给我提意见，还是说老师你普通话还要提高啊。

孙宏开：我主张方言应该加以传承。全国非物质文化遗产中有三分之一是语言和方言，其中还有三分之一和语言的传承有密切关系。如果说方言都不讲了，这些文化遗产怎么传承下去？

闾丘露薇：但是公共传播平台讲方言的越来越少，即便民间有这样的想法和努力，想把方言传承下去，也是非常困难的。

汪平：我觉得媒体应该有一些方言类的节目。现在中国有一部分的方言在衰落，比如上海，推普得很好，但是年轻人越来越不会说方言了。

闾丘露薇：我是上海人，回到上海之后发现下一辈都不太会讲上海话了，让人觉得非常可惜。

学习能力实际上是非常之强的

《下一代你还会说方言吗？》节目视频

　　张振兴：普通话跟方言是一个统一体的两个方面。有一句非常有名的话，就是普通话在方言之中，但是又在方言之上。如果我们大家都不说方言，那么普通话也岌岌可危了，所以我们不用把两个方面对立起来。

　　刘丹青：中国的传统社会主要是一个单语社会，少数人可能会说官话，但大部分只说方言。随着社会发展，逐渐进入到多语社会，在这样的情况下，人的思想意识要逐步适应新的发展需要，因此我觉得电视媒体作为一个重要的文明传承载体，应该适当开设一些方言栏目。外来人要尊重当地人说方言的权利，当地人也要尊重外来人的心理感受。

　　闾丘露薇：听不懂方言，很多人会有一种被排斥的感觉。

　　汪平：这是社会遗留下来的现象吧。北京、上海等地方，经济、政治各个方面都比较超前，所以跟着在语言上也有一种比较强的

中国社科院语言研究所副所长 刘丹青

优越感。

张振兴：我是福建人，福建方言大家都知道，是非常复杂的。南蛮鴃舌，说的是福建人说话就像鸟叫一样，很难懂。可是就在这样的地方，普通话推广得特别好。有些场合必须说普通话，但有的地方却说方言比较好。

刘丹青：我觉得目前大家对这个问题心态还有些不对。单一的推普思维延续了几十年，官员和民众是不是都做好了思想准备，以更加淡然的心态来对待多样化的语言生活？该普通话的时候就普通话，别人用方言交谈，我们也尊重。不过呢，比如在单位开会，如果用方言的话，自然就会让人觉得被排斥。

蓝方观众A：没有什么对与错，比如看电视，有的方言就是听不懂。

催彦（现场嘉宾）：我觉得这个要分地方媒体和大众媒体。

比如央视,用普通话来做节目没有任何问题。有一些地方电视频道,用方言可能会更好。我虽然年龄不大,但是我在北京生活了 20 多年了,突然听到老乡的乡音,或者戏曲,甚至有时候吃到家乡的一口正宗的饭菜,就会产生一种浓浓的乡情。

闾丘露薇:我知道,你很热爱秦腔对吧?

催彦:对,我是西安人。可能南方的朋友认为,秦腔就是吼出来的,或者说很粗犷,甚至很野。实际上大家都知道,秦腔有将近一千年的历史了,它是梆子腔的鼻祖。

闾丘露薇:我想问一下现场的观众,听得懂秦腔吗?

红方观众 C:听不懂。

闾丘露薇:跟普通话差别不大呀。

催彦:大家都知道普通话其实是以北方语系为基础的。当然,北方语言放在戏曲里面还是有变化的。

闾丘露薇:你表演秦腔,或者讲家乡话的时候,有人跟你说不喜欢或者不好听吗?

催彦:很少,真的很少。我觉得可能跟个人的感觉有关系。

闾丘露薇:其实是否接受这种文化,说到底还是包容心够不够大。我们这里还有两位专业表演苏州评弹的观众,评弹大家听得懂吗?

蓝方观众 D:听不懂,但是好听,挺柔和的。

闾丘露薇:跟你们的秦腔比呢?

蓝方观众 D:那是两种风格。

蓝方观众 E:北方方言可能跟普通话比较接近,大部分人只要能听懂普通话,北方语系也能听个八九不离十,但是南方语系可能变化就比较大。所以,我觉得电视媒体作为语言文字宣传的喉舌,应该杜绝方言。

闾丘露薇:我们请两位表演苏州评弹的观众跟我们介绍一下,

中国少数民族语言学家 孙宏开

现在到苏州的外来人很多，爱听评弹的人多吗？

红方观众 F（评弹演奏者）：都还很爱听。因为苏州评弹知名度还是比较大的，大家来苏州都想听一听评弹是怎么回事。

闾丘露薇：但是对游客来说，评弹只是苏州的一个名片，他们会很好奇地来听一听。这种文化能够传下来，主要还是得本地人真正喜欢它。现在，年轻人去学评弹的多不多？

红方观众 F：年轻一代可能从小就不会去接触很多地方戏曲什么的，心思都在学习上。本地的小孩最多也就知道一个简单的形式。

闾丘露薇：现在，你们展现这种地方艺术的机会多不多？

红方观众 F：还可以，我们每天都有一个评弹的专栏节目，一个多小时。

闾丘露薇：我们从小是听评弹长大的，还有昆曲，京剧虽然是北方的，但是在上海也出了很多名角，所以那个时候对南北方言还没有那么深的感受。想请教一下专家，方言慢慢在消失，对评弹、秦腔这样地方性的艺术会不会有影响？

孙宏开：人的感情有时候要靠方言来传递，普通话就没有这种感情。所以我觉得每个人，譬如说外地人到上海来打工，最好学点上海话。我到四川去，因为长期在西南工作，就学会了四川话，我四川话讲得很好。

闾丘露薇：四川话很好听，因为里边很多有趣的东西没有办法用普通话表达出来。

孙宏开：对。我跟我的调查对象就完全用四川话交流，我到羌族地区去工作，就学羌语。所以我主张一个人的语言能力要多种多样，不仅仅学英语、普通话，也要学方言，这样互相之间的那种文化对立就会逐渐化解。

闾丘露薇：关于方言保护，现在我们要进行第二个选择，大家觉得方言的培训课程，是不是应该进入学校？

第二次选择：
红方：应该作为一项课程
　　　　汪平、孙宏开
蓝方：完全没有这个必要
　　　　万建中
白方：中立
　　　　张振兴、刘丹青

万建中：我的学生听了我的课以后，让我学好普通话，我觉得这个是对的。

闾丘露薇：但是，在学校里面增加本地方言课程，其实是一个无奈的选择。照理说这种母语的学习应该是在家里，但是我们可以看到现在家庭的环境变了，社会的环境也变了。这个跟学好普通话，您觉得是对立的吗？

万建中：普通话推广还是要坚持下去。过去我们的方言，一般都是隔代传的，外公外婆来带孙子、外孙，现在不是了，很多家庭都把教育给了学校。

汪平：以前吧，孩子小的时候在家里，一般跟在爷爷奶奶身边，说的是方言，但是只要一进幼儿园就开始说普通话。孩子所接受的知识，通过的渠道全部都是普通话，所以已经无法用方言来表达。回到家里以后，也跟爷爷奶奶用普通话交流，爷爷奶奶年纪太大，说不好普通话，在苏州这是比较普遍的现象。

闾丘露薇：在上海也很普遍，我们家的亲戚好像都是这样，爷爷奶奶讲的那些普通话也蛮好笑的。

汪平：是的，所以我觉得有一定必要在学校里开设课程。我们先培训幼儿园和小学的老师，让他们教。因为这些老师也都是年轻人，自己方言也说不好了，所以我们现在正在培训他们，先把他们的苏州话培训得稍微标准一点，然后他们再去教孩子们。

闾丘露薇：一个人多一点语言能力，其实是一种财富，但很多人很抗拒。

汪平：语言学研究证明，一个人的语言能力是很强的。我们南方，特别像广东、广西这些地方，一个人可以说好多种语言或者好多种方言。

闾丘露薇：您觉得学校开课是不是一个非常有效的方法？

孙宏开：我们从 20 世纪 50 年代开始推普，是强制性的，大家不许讲方言，后来形成了一种观念，就是普通话具有至高无上的地位。在这样的情况下，方言的流失很厉害。到了 20 世纪 80 年代，特别强调文化多样化以后，认识到方言在传承文化的过程

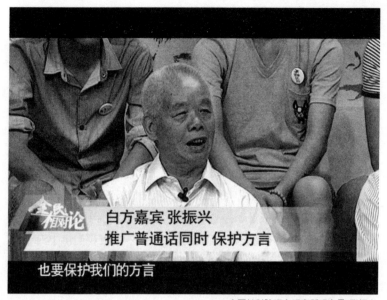

中国社科院语言研究所研究员 张振兴

中起到了非常重要的作用，国家开始强调培养国民的多语能力。所以，我觉得不同地区有不同要求，每种语言发挥不同的作用，对一个人来讲，最好能掌握多种语言。我觉得这是建立和谐的语言社会的一个基础。

闾丘露薇：掌握多种语言其实更能享受很多美好的东西。比如周星驰的电影，你们觉得普通话版本已经很好笑了，会广东话的话就会知道根本没有把广东话里面的这些俚语、无厘头展现出来，怎么翻译都没办法让人理解岭南文化里的这种东西。

张振兴：人的语言能力应该说是非常强的，我到广西贺州地区的一个村子，很小，只有700多个人，全是瑶民。这个村子里的每一个人几乎都能说四种、五种甚至六种方言，见到什么人就能说什么话。所以我们在推广普通话的同时，没必要抛弃方言。什么地方学方言，什么地方不学，政策上没必要硬规定。

　　闾丘露薇：广东话我倒是不担心，因为在香港它是法定语言。我想问一下刘先生，政策上到底可以干预到什么程度，还是放任自流会更加自然一点点？

　　刘丹青：上海年轻人并不是真的都不会说上海话，会，但不是作为母语来获得的。到了中学那个阶段，差不多快成人了，他们才感觉好像不说方言无法融入上海的大环境。这个时候才学，就到不了母语的层次了，也就没有传到精髓。在目前特殊的情况下，由于前些年校园对方言打压得太厉害，所以现在有一点反弹，可以的。但长远来说，我觉得还是母语占大头。

　　闾丘露薇：要和国际接轨，语言是其中一个问题，不应该成为障碍。其实我小时候老师上课讲普通话，下课跟我们讲上海话，我觉得这蛮好的。但现在好像学校里不允许，下课的时候同学之间用方言聊天都经常会被批评。

　　刘丹青：所以我刚才说更多的是放松管理，而不是有意去培训。

　　闾丘露薇：对，不要有意地制造一个框框。

　　张振兴：对于语言使用，大家要宽容，语言跟方言无所谓好坏。

一句话总结：

孙宏开：坚持语言和方言的多样性。

汪平：建立普通话和方言和谐相处的语言社会。

刘丹青：普通话普及化，方言母语化。

万建中：方言的生动与美妙是普通话不可比拟的。

张振兴：推广普通话，请大家爱护方言，尊重方言。

本期编导：王梦妮

3. 足球不说再见

□ 2013 年 7 月 24 日

足球，要从娃娃抓起。

扫一扫 看本期节目视频

　　内容提示：2013 年 6 月 15 日，中国男足以 1 比 5 惨败给由众多"90 后"组成的泰国队。随后许多人将矛头指向了主教练卡马乔，中国足协被迫与其解约，并赔偿了高达 700 多万欧元的违约金。有网友将其戏称为世界足球史上最不平等条约。各路世界著名教练纷纷在中国翻船，是教练的问题，还是球员的水平低？中国队真的需要世界著名教练吗？

本期主持人：

闾丘露薇

本期嘉宾：

傅亚雨　《体坛周报》记者

朱晓东　欧迅体育董事长

南　方　前国安球员

傅亚雨　《体坛周报》记者

朱晓东　欧迅体育董事长
张　路　国安足球俱乐部副董事长

嘉宾选择：
红方：**中国队需要世界顶尖的教练**
　　　　张路、董育、应虹霞
蓝方：**教练并不是决定性因素**
　　　　傅亚雨、朱晓东、南方
白方：**中立**

闾丘露薇：在讨论外籍教练究竟好不好之前，大家先了解一下，国足到底有哪几位外教。张先生，给我们介绍一下。

张路：霍顿，大家对他的评价还是不错的，认为他有一定的水平，但是怎么说呢，反正最后还是输了。然后是米卢，米卢是唯一一位带中国国家队成功的教练，米卢当时还是我介绍的，应该说他赶上了一批非常好的队员，而且他有非常独特的教练手段，能够把这批队员的水平充分地发挥出来，所以他成功了。

南方：那年是日韩举办世界杯。

张路：对。

南方：咱亚洲少了两个名额。

张路：没错，我们少了两个劲敌。阿里汉，大家也对他曾经寄予厚望，他当运动员的时候非常辉煌，但是最终也没有能够取得好成绩。福拉多、杜伊科维奇，这个组合好像是一个过渡性的，大家本来也没有对他们寄予太多期望，那时候也比较混乱，所以他们输球，大家也认为是正常的。

闾丘露薇：我看他们的执教评分，是现在为止最低的。

张路：卡马乔比他们还要低。

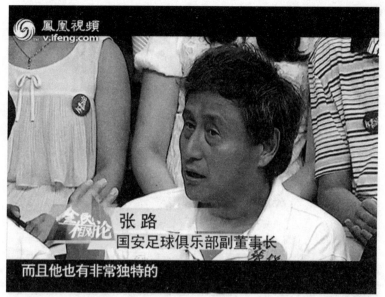

国安足球俱乐部副董事长 张路

　　闾丘露薇：从什么时候开始，国足为什么突然会想到要请外教来执掌中国队？

　　张路：当时中国队屡战屡败，最后很多人就得出这么一个结论，中国的教练不行，教练不行那就换了，结果换了外教也不行。

　　闾丘露薇：队员不行？

　　张路：应该说主要是中国队员的水平不行，所以与其花很多钱去请外教，不如省点钱请个国内教练也就罢了，还能锻炼锻炼我们自己的教练。

　　南方：请一个好的外教，可以把这支球队的战斗力提升百分之二十到三十。咱就以2002年世界杯为例，咱们之前有太多的机会，只要打平就出线，为什么咱们却输了？心理素质。米卢最好的一点是什么？他把运动员所有的包袱都给减去了。所以那一届世界杯外围赛，大家可以看到，中国队还是发挥得非常好的。足

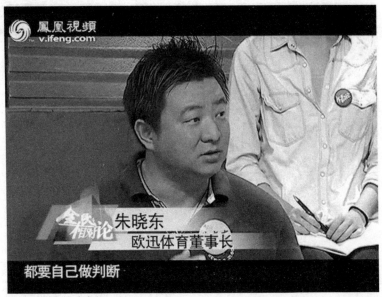

欧迅体育董事长 朱晓东

球心理学，它是足球运动的一部分，国外特别讲究这个。

　　闾丘露薇：能够激发球员的潜力。

　　南方：对。

　　朱晓东：足球是个运动项目，11个人在场上，教练是没有办法施加影响的，他们在每个瞬间都要自己做判断，所以平时他们需要有独立的判断能力，这是一个心理学的很重要的体现。所以在这个过程中，如果有一个好的教练，他可以帮助球员解决很多问题。我们并不是说外教来了，就可以解决所有问题，但相信他们带来的一些先进的理念，不光是四四三还是四四二这样的足球阵型，还有他们的执教方式，我觉得非常值得我们学习。

　　闾丘露薇：外教有成功也有失败，说到底是跟他们的外籍身份有关系呢，还是说主要靠执教的方式？

　　傅亚雨：成功的外教，比如米卢，他能带给我们很好的影响。

另外一点，国足主帅压力很大，会被各种各样的人议论，被各种各样的关系制约。

应虹霞：我想强调一点，中国足球在当前的水平下，并不一定需要一个世界顶级的教练。首先是性价比的问题，以日本足球为例，20 世纪 60 年代的时候，他们引进了一个德国教练叫克拉玛，当时他不过是德国一个地区青少部的指导。然后在 1993 年，日本冲击美国世界杯的时候，请的也仅仅是一个相对比较了解日本足球的无名小卒。一直走到今天，没有最好的，只有最合适的。

董育：我接着她这个话题说，适合才是最重要的。打个比方，一个好的教授，教大学生、本科生，学生能听懂，但是要他去教中学生，学生可能就理解不了他的意思。所以最适合的教练，才能推动中国足球的发展。

闾丘露薇：刚才举了米卢的例子，就是说有成功的，只不过后来失败的人太多了。当然可能这是选择人的关系，但如果再有一个成功的例子，也许局面会改善。

张路：不可能再有成功的例子，为什么？六个外教五个都失败了，这就印证了南方刚才说的，外教可以提高 20% 到 30% 的实力，但不可能有质的变化。为什么说不可能？因为我们的足球人口和对手比起来差距是非常大的，晓东知道，日本足球人口是多少？

朱晓东：有一百多万。

张路：中国不到十万。2013 年 6 月 15 日的比赛，中国输给了泰国，大家都认为很奇怪，其实一点都不奇怪，泰国现在足球人口也将近一百万了，甚至越南足球人口都比我们多。现在说米卢，米卢是一个特例。他执教的时候中国足球人口还比较多，郝海东他们这一代，中国常年踢球的人大概还有几十万。但是之后，中国的足球人数急剧萎缩，甚至说出现了崩溃，到了 1990 年，全国常年踢球的 7 到 16 岁的孩子一共有多少人？一万人。所以我一直在说没戏，真的没戏。

闾丘露薇：我们来看一组数字，卡马乔的团队三年一共花了两个多亿的人民币，有人计算了一下，这个团队可以养25个米卢，62个高洪波，他的年薪相当于9位前任薪水总和乘2再加87万欧元。我们现在很有钱，可以大手笔请人，用全球第10位的年薪，带一支全球第109位的球队。

蓝方观众A：我挺同意张路老师的说法，运动员本身有问题。记得施拉普纳曾经抱怨过，他说我在德国带队的时候，运动员过年过节会主动去锻炼身体，但是中国的运动员，一个假期回来要长个十斤、二十斤肉。所以我觉得可能还是我们的运动员，从心理、意志上，以及敬业程度上，都存在问题。

红方观众B：我个人觉得还是需要一个比较有名的教练。就拿我们国内最好的教练来说，比如高洪波，他能带中国队打一个热身赛，但一到正式比赛，比如亚洲杯就不行了。换一个比较有名的教练，我觉得中国队虽然进不了世界杯，但是能进十强赛，至少能够激发起中国球迷对中国足球的信心，如果连续几届连十强赛都进不了的话，那我觉得球迷对中国足球的信心会越来越少，踢球的人也会越来越少。

张路：这不是教练水平的问题，是我们的球员水平越来越差。

应虹霞：如果我们请的教练水平过高，大家寄望高，可能失望更大，这可能会造成一个非常不好的循环。

董育：很多球员理解不了某些知名教练的一些意图，所以我觉得还是应该找咱们中国周边的一些国家的教练，这从文化底蕴上也比较接近，所以我觉得没必要找那些顶级的教练。

南方：以前日本足球打得过中国吗？打不过。为什么日本现在强了？因为日本好像制定了一个二十年足球规划。日本足球初期也是请名教练，引进高水平的外员。那会儿特别舍得砸钱。为什么他们有了现在这个成绩？因为会汲取营养。而咱们呢，来了一个教练，什么都没有汲取，跟一阵风似的就过去了。日本为什么行？他们一贯坚持的是巴西这种走地面传接倒脚的配合，坚持了多年，所以十年、十五年之后，才能有这样的成绩。反观咱们中国，好多事情做得太浮躁了。

张路：中国足球现在的问题是基础不行，大家如果总是把注意力放在国家队身上，总是幻想着请一个什么高明的外教，中国国家队就冲出去了，那中国足球水平大概永远就只能这样。我认为更重要的是打基础，至于国家队打好打坏，什么时候来个什么教练，无所谓。我希望更多的人把视线放在青少年身上，这才是中国足球彻底翻身的希望。

> **资料**：据中国足协统计，拥有世界第一人口的中国，注册球员仅为8000人。而周边国家，越南的注册人数为5万，日本则达到50万。不仅如此，有业内人士统计，2000年至2005年间，中国青少年足球人口急降至18万，目前只剩下3万。这无疑再次给基础薄弱的中国足球敲响了警钟。足球还有吸引力吗？是什么原因导致青少年不再踢足球？体制问题是导致中国足球低迷的最根本原因吗？

第二次选择：

红方：体制是根本原因
　　　　朱晓东、应虹霞、南方

蓝方：体制不是最根本的原因
　　　　张路、傅亚雨、董育

白方：中立

红方观众C：我们那时候还有高中联赛，但是我现在回去看，已经没有了。大学那会儿也有，现在举办的也不多了。所以刚才张路说那个基础的问题，特别有感触，我们现在根本就看不见小孩子踢球。

红方观众D：我们公司有一个挪威的女孩，我跟她认识的时候，她问我，你踢足球吗？我觉得挺惊讶的，我说在中国男生踢足球都很少，更何况女生。她也感觉挺奇怪，她说在她们国家，踢足球的人特别多。他们的那些民间组织每四年还举办足球联赛。

张路：大家都在说体制，首先咱要明白什么叫体制？体制就是一个组织架构，我们足球的组织架构，是不是已经严重阻碍了中国足球的发展呢？我一直在体制内，对这个体制的运作基本还是清楚的，我认为我们的体制和欧洲、美洲、日本、韩国没有大的差别。我们的问题是什么？没有人！系统在那空转，就好像一支军队，我们班、排、连、营、团，结构都有，但是没有兵。所以不是体制问题，是兵源的问题。

闾丘露薇：所以你觉得只要把人员补充进去，目前这个体制还是可以的。

张路：是，你看奥运会，我们依靠的就是这套体系。很短的时间，我们把中国体育搞到了世界最高水平，所以它没有什么太大的问题。

傅亚雨：中国足球职业化20年了，我想问大家，20年前，我们中国足球的管理体制和现在有区别吗？没有区别。我们想一想，现在中国足球这么烂，排名都在一百位以外，那么在职业化以前，中国国家队是个什么样状况呢？虽然也没有进过世界杯，但是我们一直还是认为，至少在亚洲是有竞争力的，是一流的。所以1997年，当我们十强赛都没冲出去，举国哗然。同样的体制，为什么在职业化之前，我们还能成为亚洲一流，反倒现在成了亚

米卢

足球不说再见（朱晓东、张路、傅亚雨）

洲三流？用体制这个事说不通啊。

　　闾丘露薇：所以，你觉得是什么原因？

　　傅亚雨：我跟张老师观点相同，人。

　　董育：普及，还是普及。现在咱们北京踢球的孩子很少，就算踢球，也非常娇惯。我住在朝阳区，那边有很多韩国小孩，都在 7 到 10 岁左右，人家就要中午 12 点钟到 1 点钟训练，一点也不怕热。我觉得他们很敬业，这是一种精神。别的咱不说，就说周边国家，人家在场上特别玩命，真是球过人不过，这种精神很重要。

　　朱晓东：我们必须要想他的 KPI 是什么。你做好了，我给你加工资，或者升职，做不好了，对不起走人。我在日本足协工作了四年，他们有一个所谓的三位一体论，就是国家队、青少年以及教练的培训，做一个 KPI 考核。在我任期里有没有做好，这我

前国安球员 南方

必须得重视，国家队虽然重要，但是我的那个青训体系有没有做好，有没有计划去培养青少年也同样重要。另外培养青少年需要教练，教练有没有做好培训工作？这一整套的东西都会被提到议事日程上来。再就是要大家投票选下一届足协主席。而在咱们的体系里，足协主席是由机构来指派的。他们的KPI是什么？一切只为获得奥运会金牌。

　　南方：其实呢，当人改变不了体制的时候，一定是体制改变人。你本来有抱负，到了这个体制中，可能也跟别人一样了。我拿三点说，一个是足协方面，刚才傅亚雨说，咱们也有好的时候。那会咱们的足协主席应该是王俊生，我们作为运动员都比较感谢王俊生，因为是他促成了职业化，球员的收入大幅度提高了。以前，北京有一些的著名的运动员，可能到二十六七岁直接就退役了，因为没钱。一个足球运动员挣的还没有工厂工人多呢，所以他直接就去工厂了。改变职业化以后，出现了一段繁荣期，为什么慢慢走下坡路？因为有好多不合理的规定：足协规定你冬训必须去哪儿；还限薪，就是规定你这个队薪水不能高过多少钱。这是他考虑的事吗？这是俱乐部考虑的事。这些人根本不了解足球，还怎么去发展？每一任领导上来，都是今儿学德国，明儿学巴西，后天再学西班牙，到底学谁啊？不像日本，踏踏实实学了 20 年巴西，到了今天这步。你说这能是人的问题吗？还是体制。而且足协，在国外是民间机构，国内呢？

朱晓东：事业单位。

南方：对嘛，人家足协主席是选举出来的，无数双眼睛盯着你，你干得好与不好，是民意的直接体现。再说青少年发展，我为什么说是制度问题呢？大家都知道，现在学生的压力有多大？我那会儿，背个书包就搞定了。而且，一所学校体育运动发展与否，还要看校长，校长支持了，你就能发展。还有家长的问题，孩子可能在运动中不小心手骨折了，家长一下就把这个学校告到教委去了。这是真事，所以闹得好多学校都不敢开展体育运动。

闾丘露薇：看看网友的看法。

> 网友：我个人觉得，要想真正提高中国足球水平，这种管办分离的模式还是必须要实行的。但是就目前而言，许多政策都是一些不懂足球的领导制定的，肯定很蹩脚，基本上看不懂。虽然现在中超联赛举办得越来越好，但是国足是真不争气。希望这个现况早日改善。

闾丘露薇：接下来有两个问题，想听听大家的意见。有一种说法叫金元足球，像恒大地产现在都开始进军足球行业了。恒大说，入选国家队就奖 10 万元奖金，大家觉得这个对提升球员水平有用吗？

张路：球员水平在那儿，给多少钱都没用。另外关于这个体制问题，大家可能不太了解中国足球现在的运作体系。开始的时候体育局领导干预是比较多的，谢亚龙主政之后，这个状况有所改善。中超联赛基本上是由中超各队说了算的，中超联赛是亚洲第一联赛，观众连续几年在亚洲都是第一。

闾丘露薇：那是因为中国人口基数大。

张路：如果比赛组织得不好的话，也没人看。现在一遇到问题，大家首先想的就是要去行政化，是体制问题。实际上，去行政化之后好多事情是办不了的。比如中超联赛要在北京搞一场比赛，需要动用很多很多的社会资源。如果中超是民间公司，这些社会资源没有政府来协调，你去找公安、武警、消防、安保、环卫、环保、公交、地铁部门协调，你协调得了吗？能够利用政府的力量来帮助足球发展，我们为什么不用？

闾丘露薇：国足还找贝克汉姆代言。你看好像政府也在做事，拿一个明星过来，希望能够让我们的小朋友对足球产生兴趣，这有用吗？

张路：有这么一个偶像，能够吸引更多的青少年对足球产生兴趣，我觉得是很好的。但是有一个错误观念，就是孩子踢球将来就一定要当球星，进国家队，为国争光，结果球没踢出来，孩子学业也毁了。我们现在要转变观念，让孩子踢球，是为了让他们获得健康和快乐，不用太长时间，一礼拜两三次就可以了。

闾丘露薇：学校会担心安全问题，而且整个教育体制也不太鼓励大家花太多时间。

傅亚雨：1997年、1998年，中国职业联赛最红火的时候，多少家长把自己的孩子送去踢球？那个时候我们的体校跟现在有什么区别吗？同样有高考，为什么家长们就愿意把孩子送到体校，当时全国最多有3000所足校，后来因为各种原因都没了。这说明，只要我们把顶层搞好了，对家长、对孩子都是会有吸引力的。

张路：另外，就是解决南方刚才说的那个问题，给孩子增加一个运动伤害保险。

南方：学校有校园保险。

闾丘露薇：他是怕家长告学校。

南方：有好多家长不是你赔钱就能完事了的。还有一点，体育必须得依托教育，在中国你怎么依托？就像刚才张老师讲的，制度没问题，但没用到点上，这是最关键的。足球人口肯定是在校园里，但足球训练是有规律的，什么时候开始增加力量训练，什么时候练柔韧度，不同年龄做不同的事，在学校怎么开展？最多是老师拿一球给孩子们，说，踢吧。孩子能有什么收获吗？没有。练不了专业的技能，这就需要教育系统和足协、体育局相互关联，专业的人才教专业的孩子。什么叫足球人口？你踢两脚球，那不叫足球人口，那只是一个爱好。

应虹霞：我认为，如果我们这样去理解职业化时代的青训，是非常有失偏颇的。以日本足球为例，日本足球职业化以后，其实走的是双轨道的青训路线。一个是校园足球，以兴趣为主，这种激发起来的兴趣是很长久的。另外一个，以职业俱乐部为依托的职业梯队。进入职业化时代以后，川渊三郎在做顶层设计的时候，就把它作为了准入门槛。就是说，职业俱乐部没有自己的职业梯队，是不能被接纳成为职业俱乐部的。所以大家都争先恐后地去做职业足球。在日本足球的两个体系里面，后者是小众精英，更代表了职业化时代的方向，因为更专业。

董育：我觉得还是应该专业的人干专业的事，现在应该把这个通道打开。比如南方，现在已经退役了，可能希望用业余时间，多走一些校园，多接触一些孩子。把他学到的教给孩子们，因为这些东西最起码是专业的。

闾丘露薇：这就涉及一个编制的问题。

南方：对啊，我相信有好多不是那么著名的球员，退役后希望从事教练员的行业。

张路：日本足协是怎么处理这问题的，日本学校的足球教练，他们的工资是从哪来的？

朱晓东：好像国家每年给他们4000万预算做校园足球。他们去每个地方游说，让地方政府支持，说我这个青少年足球比赛是为了地方教育，是为了青少年更健全地发展心智而进行的比赛。所以就像您说的，中国这么好的条件，行政体系那么强大，为什么不用行政力量推动青少年的比赛呢？

傅亚雨：现在已经开始做了，足协已经搞了几个青少年试点城市，大连、青岛、武汉、广州和成都五个城市。这里面我特别关注的是武汉，他们在小学里组球队，搞比赛，周末有集训营和交流比赛，然后有教练去指导，产生的所有费用都是武汉政府以购买公共服务的形式来出资的。我觉得这是一个非常好的模式。

一句话总结：

应虹霞：我很珍惜这片刻的相遇，我希望能够成为永恒。

张路：让更多的孩子踢足球，越多越好。

董育：普及，一定要把民间足球普及下去，这样中国的足球才有希望。

傅亚雨：用专业、敬业的人，做方向正确的事。

朱晓东：我们需要思考如何更加理智地去改变现状。

南方：慢慢来，面包会有的。

本期编导：王梦妮

4. 小时代 VS 大时代

□ 2013 年 7 月 30 日

小人物活在大时代？

扫一扫 看本期节目视频

　　内容提示：2013 年 6 月 27 日，郭敬明的电影《小时代》上映，获得高票房的同时也备受争议。这部被贴上奢华、拜金、空洞等标签的青春电影，所引发的争论再一次将"90后"群体推上了风口浪尖。7 月 3 日，《楚天都市报》中有文章呼喊"别让这时代真成了'小时代'"。7 月 15 日，《人民日报》发文称"别让'小时代'遮蔽了大时代"，担心物质主义、消费主义对社会思潮带来消极影响。当物质、金钱成为世俗成功的唯一标准，对于"物质至上"的生活方式，我们是该赞成还是反对？

本期主持人：

闾丘露薇

本期嘉宾：

石秀印　中国社会科学院研究员

五岳散人　时政评论者，专栏作家

张　荆　北京工业大学法律系主任，教授

石述思　资深媒体人

白文刚　中国传媒大学政治传播研究所副教授

陆长河　青年导演，编剧

嘉宾选择：

红方：追求物质无可厚非

　　　石秀印

蓝方：物质至上是不可取的

　　　白文刚

白方：中立

　　　五岳散人、张荆、石述思、陆长河

闾丘露薇：今天我们要谈论的话题是我们到底是身处在一个小时代还是大时代，以及物质至上的生活方式到底可不可取？

石秀印：我们社会对"90后"应该多一些理解跟赞同。

闾丘露薇：其实我们一直讲"90后"，就好像整个1990年之后出生的这些人都用同一种方式去生活的。其实他们也是独立的个体，生活方式都不一样。

石秀印："90后"是在中国市场经济下成长的一代，我们现在要刺激消费，还是主要靠个人主义，靠对物质的追求。如果都不追求物质和个人的利益，市场经济还怎么搞？

闾丘露薇：其实整个社会都拜金。

石秀印：都是这个样子，我们没有权利说"90后"或者"85后"是物质至上主义，他们本来就没有什么主义。

闾丘露薇：那对于物质至上的生活方式，您为什么反对？

白文刚：人应该有精神生活，单单用物质来满足自己，其实

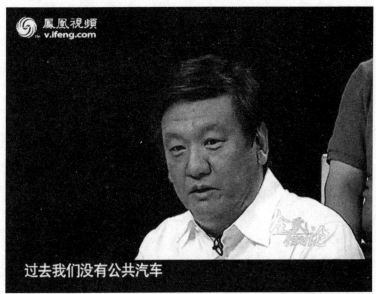

过去我们没有公共汽车

北京工业大学法律系教授　张荆

表明了人内心的空虚。需要外在的东西来帮助表达自己，这是内心不充盈的表现。而且这样的生活方式，中国有多少人可以去享受？如果推行物质至上主义，会导致很多人心理失衡。

张荆：个人主义、拜金主义，这种东西在 20 世纪 80 年代后期就开始出现了。我们是一个发展中国家，最大的特点就是消费超前，我们的技术可能没有达到世界先进水平，但是消费会在很短的时间赶上别人。我们过去没有小车，现在许多家庭都有了小汽车。国家的现代化是从幼稚走向成熟的，消费主义超前是一个必然经历的过程。但是作为政府，不能大力鼓励消费。我的物质已经丰裕到这种程度了吗？

石秀印：我对你的观点不太赞同。

张荆：有这个消费的能力吗？国家还是要有一个主流的价值观来引导。

石秀印：现在国家在刺激消费，引导消费。消费不超前，国家经济就不能发展。

张荆：所以是国家的主流价值观出现偏差。

石秀印：国家一方面要集体主义，要精神文化，另一方面又要刺激消费，要市场引导，要 GDP。你说国家该怎么引导？

张荆：大家爱怎么消费就怎么消费，价值多元化，这是可以的。但是国家要有主流价值观，应该主张节约。

石述思：我认为这跟我没关系。这个时代，总有一群人，为别人的生活操碎了心，整天想着提升我们的灵魂。事实上我们能做主的东西太少了，请把选择自由生活方式的权利还给"90后"。

白文刚：我同意您的观点，每个人有选择自己生活方式的权利，我们要尊重。但是，不等于成年人不能在某些方面提出自己的观点。

中国传媒大学政治传播研究所副教授 白文刚

五岳散人：我本人是一个蛮物质的人。我喜欢钱，希望过得好，过得精致。我写文章并没有太批评小时代，因为它不值得我批评，它跟我的价值观完全是不相交的。我更想批评的是，不让小时代这种独立价值观表现自我的话语霸权。

石述思：小时代不美好，郭敬明的东西及价值观我不认同。大家觉得有什么"90后"的东西值得推介吗？有吗？我们有三千多年可考证文明，我们GDP全球第二，但是我们拿得出什么能够影响世界的文化产品？

闾丘露薇：陆先生，你作为导演，对于为什么交不出让大家觉得又叫好又上座的电影，怎么看？

陆长河：物质我觉得没有必要去反对，能够住一套300平方米的房子，为什么要去住50平方米的？但是一些"90后"的孩子，为了买一个iPhone去卖肾，然后把爸爸妈妈逼上绝路，这些是我们的主流价值观必须要去校正的。等这些"90后"长大了，到了三十四岁，如果还有这种想法，这个社会就会出很大的问题。

五岳散人：我插一句，年轻都犯过傻，我当年看《中国可以说不》都热血沸腾。人是逐渐成熟的。

张荆：讲个小段子，我刚开始打工的时候，每天下了工以后，就去看一个商店的金劳力士手表，我想等我打了5年工，一定要买一个劳力士手表。后来考上博士，我再也没有去看过这个劳力士手表，追求变了。我们没有必要强调"90后"这代不好，我们处在现代化的初级阶段，消费超前、拜金主义都会出现，这是正常的。

闾丘露薇：微博上大部分人认为小时代隐藏的价值观有问题。但同期上映的《致青春》和《中国合伙人》与之相比，有人觉得前二者的票房口碑俱佳，是这样吗？有没有观众可以讲讲观影经历？

白方观众A：这三部电影我没看过，但是我觉得观众在看电影的时候，不单单是选择某一种文化，有很多因素。比如我非常喜欢《致青春》里面的明星，很可能就选《致青春》了。观众看了哪部电影，并不是说就一定认可它。

石述思：看看这三部片子，第一部片子"致屌丝逝去的青春"，第二部"屌丝逆袭美国"，第三部"新一代屌丝的崛起"，这是大众的选择。如果对此不满意，那就拿出水平来，去创作出像好莱坞大片那样能影响世界的作品，这就是我为什么说它是一个技术活。

五岳散人：其实这个问题在20年前我们已经讨论过了。

石述思：每一个小都得到尊重才能称为大。

闾丘露薇：这也是我们讲的公民社会，首先作为一个个体要有充分的自由，然后才会考虑大体。

石述思：马克思在《共产党宣言》里说，每一个人自由发展的前提是一切人自由发展。

石秀印：小时代，大时代，一个是市场，一个是传统。传统对市场，尽管小时代可能不好，但是大时代也没有好到哪里去。大时代并不是一个纯的大时代，并非绝对的集体主义。比如一块蛋糕，按贡献或人口平分其实也挺好，但是我们是这么分的吗？不是。

　　资料：随着中国经济的飞速发展，年轻的"80后"、"90后"们，与上一辈人出现很大的不同，他们享受物质，追求个性，崇尚自我生活，在逐渐远离集体主义的同时，他们的内心却越来越焦灼于物质上的差距。当众人质疑郭敬明太过追求物质时，凭借个人奋斗成名，享有奢华生活的他，自信地回应，我就是这个时代的中国梦。面对物欲横流，信仰缺失的社会现状，以民族国家为关键词的大时代，和以个人自我为中心的小时代，能否兼容？

第二次选择：

红方：大时代和小时代可以兼容

　　陆长河、张荆

蓝方：大时代和小时代无法兼容

　　五岳散人

白方：中立

　　石述思、石秀印、白文刚

闾丘露薇：有网友说，无论大时代还是小时代，都要有理想有责任。所以不管你是哪个年代的人，都应该要有良知，有担当。责任不分时代，良知不论年龄。也有人说，社会进步的标志，就是从国家到个人，从大时代到小时代，对普通人更加关怀。

五岳散人：一个真正的大时代，是允许小时代存在的。可是如果我们把中国梦就这么扣上去，那这个时代就一定不会跟真真正正的个人主义兼容。

闾丘露薇：大家对郭敬明有很多微词，有人就指出说他好像不关心政治，是在逃避自己的社会责任，你怎么看？

五岳散人：哈维尔说过，反政治的政治中的一个概念，我只要好好过自己的生活，那本身就是有政治意义的。

张荆：我觉得整个社会开始呈现出一种多元文化状态，有个性的国家才会有创造力。但还是应该有一个主流文化，个性追求和主流文化可能有一定的分离，这不矛盾。

闾丘露薇：那你觉得国家的主流文化是由谁来塑造的呢？

张荆：当然要通过媒体和国家的价值观来塑造。我们并不是要将其强加到每一个人身上，说你必须怎么做。我们要尊重个性，有个性的民族才有创造性。但同时，碎片化不能长期存在下去。

闾丘露薇：但是你有没有注意到，现在的年轻人都拒绝政治，这是不是跟你说的国家应该去引导主流价值观背道而驰？

张荆：我觉得这个是可以相融的。如果一个国家没有主流文化，就会出现道德伦理败坏的现象。可能我们有个性有创造力了，可是也会有弊端。食品安全没有保障了，人们可以冲破一切道德底线，没有约束，没有追求。国家应该有主流文化来吸附亚文化，这样的社会才是一个成熟的社会。

陆长河：我觉得中国梦跟个人梦必须要兼容。就像一个导演，如何去领导自己的团队，实现所谓的艺术完整性，把所有人的才华都发挥出来？大家共同的目的是完成一出近乎完美的演出，这个效果是一加一大于二的。我觉得我们可以用小的概念去引导中国的大社会。

五岳散人：一个国家之所以伟大，不是因为有导演，而是会让所有人的梦想去发酵，各种各样的价值观并行。国家跟导演组是不一样的，跟公司也不一样。

陆长河：导演也要让团队发酵。

五岳散人：社会没有导演，它是所有人的合力，最终在各种力的作用下达到平衡，整体往前推动。

白文刚：我给你举个例子，你就明白了。秦始皇统一了中国，秦国很强大吧，但那不是一个好国家。

石述思：我们的现代化成绩是非常显著的，但是三个现代性还没有完成。第一，文化的现代性；第二，社会制度的现代性，因此无法达到散人说的那种要求；第三，经济现代性。我的观点很简单，将权力装到法制的笼子里。

白文刚：我希望中国梦和个人梦能够融合，但实际上有很大的困难。大家讲谁谁谁的梦就是中国梦，个人和国家是两个概念。

中国社会科学院研究员　石秀印

不要老来国和民，中间还有社会呢。中国人的核心价值观问题没有解决，不管谈什么问题，都会形成国和民的对立，正常的时代不应该是这样。

　　石秀印：西方国家是怎么融合呢？两点，第一，市场交易跟契约；第二，宗教。我们以前也在融合，我把它叫作箍合，就是用强权把大家箍在一起，然后借孔孟儒教的东西来粘连。但这种箍合方式现在已经不行了。我们想实现大梦小梦，融合大时代小时代，需要很高很高的智慧。

　　闾丘露薇：接下来听听观众的意见。

　　蓝方观众：大的梦应该是说国家或者精英阶层的梦，和个人不同。个人在这个大环境下，按自己的方式去生活，可能无法相融，但也不会互相影响。

　　白文刚：我们谈融合，好像都是协调的好坏问题，其实从政治上讲，有矛盾时谁服从谁才是最根本的问题。我觉得正常的应该是，国家服从民众。

　　石述思：孟子的话，"民为贵，社稷次之，君为轻"。

　　白文刚：民是根本。西方也讲民主，但关键一点是基石是什么，是民还是国？这个矛盾如何解决？

一句话总结：

　　石秀印：主动加理性等于公民。

　　石述思：大小不重要，关键要正常。

　　白文刚：活在大时代，要做大写的人。

　　张荆：共同的国家的主流价值观，来吸附现在的亚文化，我们的社会才能够有序发展。

　　五岳散人：负尽公民责任，过好你的生活，这个才是真真正正大时代的基础。

　　陆长河：梦想永远不放，但是要走的路还很长。

本期编导：闫惠娟

5. 汉字危机

□ 2013 年 8 月 26 日

汉字是中国文化的载体。学英语是学交流，学汉字则是学文化。

扫一扫 看本期节目视频

内容提示：数字化时代，文字记录方式发生革命性变革，键盘上敲字如飞代替了一笔一画的汉字书写。最近一项调查显示，两千余名受访者中有逾八成的人承认写字有困难。

与此同时，随着互联网技术的快速发展，一些被网民大量使用的网络用语，如"菜鸟"、"粉丝"等，也被收录进《现代汉语词典》，并因此引发争议。

当我们提笔忘字、不知该如何落笔时，当"人艰不拆"、"十动然拒"等缩略语风靡网络时，作为中华文明标志的汉字，是否正遭遇一场前所未有的危机？

本期主持人：

闾丘露薇

本期嘉宾：

周庆生　中国社会科学院民族学与人类学研究所研究员

戴汝潜　中国教育科学研究院研究员

韩敬体　中国社会科学院语言研究所词典编辑室研究员
李敏生　中国社会科学院哲学研究所研究员
刘昌海　《汉字源流字典》责任编辑
刘元满　北京大学对外汉语教育学院教授

嘉宾选择：
红方：汉字处于危机状态
　　　戴汝潜、李敏生
蓝方：汉字没有处于危机状态
　　　刘昌海、周庆生、刘元满
白方：中立
　　　韩敬体

闾丘露薇：现在很多人都认识字但写不出来，这个危机是不是蛮严重的？

戴汝潜：我觉得是。现在我们国家的一流专家学者都认为，汉语应该和字母接轨。在"文革"以前，外国人到中国来学习，还有语文进修班，语是话语，文是文字，但现在只讲对外汉语教学。现在人人用手机，99%的人都在用拼音输入法，需要做二次转换。看见汉字，要想拼音是怎么拼的，然后敲进去，再选择汉字。这个二次转换，无形之中改变了中国人的思维方式。我们见面问您贵姓，我姓张，你都要问一下，你是弓长张，还是音十章，或者立早章。为什么错别字这么多，就是因为思维方式变了，这是很可怕的事情。

闾丘露薇：我想问一下大家，用输入法的时候，用拼音的多，还是用五笔的多？

现场观众（所有人一起）：拼音。

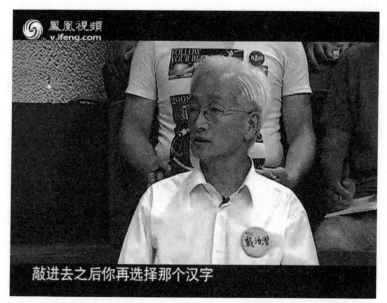

敲进去之后你再选择那个汉字

中国教育科学研究院研究员 戴汝潜

戴汝潜：异口同声。

闾丘露薇：我也用拼音。

戴汝潜：但是汉字字形输入法的效率不比拼音输入法低，甚至更高。

李敏生：有一位老人非常可敬，他叫周永光，一百零七八岁了。他就坚持自己的观点，认为汉字就是落后的文字。人类文字发展有三段论，第一是象形，最后是拼音，中间的是我们的汉字。汉字处在人类文字发展的低级阶段，所以必须要向拼音文字转换，这个理论一百年来并没有被彻底否定。但是，实践证明，它是完全错误的，是必须予以彻底否定的。汉字是我们中华民族文化的根，是魂，不是简单的一个字。

刘昌海：其实没有危机之说，汉字我们都在用，不会写没关系，在用在读在看，而且通过互联网在大量地传播。不会写，是因为不需要，但是我们现在起名字，都会去斟酌，很重视它，因为它含有信息，这是拼音文化无法取代的。

周庆生：联合国的文件在用中文的时候，都要用规范汉字。如果这个国家不用汉字，用了拉丁文字，那汉字就危机了，但现在在用，那就不存在危机问题。现在形势这么好，全世界都在学汉语，说危机有点过。

刘元满：汉字应该有两个功能：一个是语言工具，一个是文化现象。有一部分人坚持以文化为主体的观念，就会说汉字是中国文化的根，要坚决捍卫，这是"文化说"。另外一部分人从工具的角度出发，怎么好用就怎么用，人们不用认真去记忆汉字的字形，因为有现代技术的帮助。比如"情窦初开"这个成语，我想在座的人不一定知道"窦"字怎么写，但是你一定会用。

韩敬体：什么叫危机？根据词典解释，有两个意思，一是存在着某种危险；另一个是到了死亡关头。新中国成立以前，那时候识字的人是极少数，跟现在不能比，现在大多数人都识字，你说那时候危机，还是现在危机？我觉得"文化大革命"时才是真的危机，大家不去学习，学校都去闹革命。现在只是有一个问题，大家都重视外语，不重视汉字。

阎丘露薇：今天现场来了一位小学语文老师，谈谈您的看法。

小学语文老师：现在汉字面临的问题，其实包括两个方面。第一是重视过度。家长认为孩子会背古诗，会写汉字，就说明自己宝宝很聪明。第二是重视不够。有些家长认为我们天天都在用汉语交流，不用刻意去学了，腾出时间来，你跟妈妈对一下英文。我的班上有 40 个孩子，有一半的孩子书写有问题，有时候他们根本不知道你在说什么。

阎丘露薇：我 20 世纪 80 年代上的小学，那个时候描红。

小学语文老师：现在也有，一个字要求孩子写三遍，但写完之后拿什么来巩固？英文单词还需要反复记忆，反复写呢。一二年级的要求是掌握 800 到 1000 个汉字，但是真正表达起来用到的远远不止这些字，带出来的这些词，孩子会说不会写。

闾丘露薇：现在的教学方法，对于提升书写能力是不是有什么弊端？

戴汝潜：孩子进一年级，上来就先学一个月到一个半月的拼音，然后就开始让孩子写拼音字母。26 个拼音字母，有 21 个是画圈的，但汉字是横平竖直的。从一开始，握笔的姿势和运笔的过程就完全跟写汉字不一样。大约 80% 的汉字都是形声字，你要把这个字的形旁和声旁先说出来，比如"说话"的"说"，它是左右结构，言字旁，兑字边，大量的形声字都能够这样解释，不练也能写。

闾丘露薇：我们现场有两位留学生，先听听这位来自俄罗斯的同学怎么说。

俄罗斯留学生：对我来说，学汉字真的非常非常困难。我是上大学一年级才开始学汉语的，这个年龄学任何语言都会有很大的困难。英文是欧美语系，都是拉丁字母，对我来说没有太大的问题，但是汉字很不一样，必须得记住它的样子，该怎么写。每一个词都不一样，不像英语，背几十个字母，就大概能写出来。

闾丘露薇：但是如果有电脑，你是可以写得很流利的。

俄罗斯留学生：我打字非常快。

闾丘露薇：但你们考试还是用笔的。

俄罗斯留学生：在北京大学是。

闾丘露薇：那你怎么办呢？

俄罗斯留学生：为了考试，不能不学啊。

闾丘露薇：我们再来听听这位日本同学的看法。

日本留学生：我在日本学汉语的时候，老师一般不怎么教中国的汉字。中国汉字的部首，跟日文的汉字有点不一样，不过来到中国以后也没有什么特别的困难，现在都用电脑打字了。但是我有一个问题，就是有的时候不知道哪个是日本的汉字，哪个是汉语的汉字。

闾丘露薇：在日本的时候是用拼音来学汉字吗？

日本留学生：首先学拼音，然后学汉字。

刘元满：我想现在在中国的留学生，最开始的时候是要学拼音的，而不是汉字，因为首先要学会说。

闾丘露薇：我们小学的时候也是从拼音开始的。最近出现了很多网络词汇，比如人艰不拆，你们知道这是什么意思吗？

白方观众A：类似于落井下石吧。人家已经很艰难了，就不要再去拆穿他。

闾丘露薇：再来一个，不明觉厉。

《汉字危机》节目视频

　　蓝方观众 B：虽然听不懂你讲的什么意思，但是感觉很厉害的样子。就像专家讲话一样，有时候理论很强，但是观众听不懂。

　　闾丘露薇：韩先生，你觉得像这种网络用语，会对汉字带来什么影响吗？

　　韩敬体：网络语言是新兴的技术化语言，对汉语是一种冲击。但是部分词汇还是很有用的，有的意思用传统的汉语很难表达。《现代汉语词典》也吸收了一些网络语言，比如菜鸟、粉丝。大家都这样说，意思都懂，又在社会上广泛流行，是有一定的生命力的。

　　资料：香港演员黄秋生曾用繁体字在微博上写道："在中国内地写中文正体字居然过半人看不懂，哎，华夏文明在大陆已死。"这句话迅速在网上引发争议，除了被不少网友指责言论过于偏激，也遭到不少业内人士炮轰。
　　汉字是世界上使用时间最长的文字，最早可以追溯到商朝的甲骨文。有人认为，由繁入简是所有文字的规律。也有人认为，目前汉字的简化，损害了汉字的文化内涵。作为传播中国文化的载体，简化字是否不利于中国文化的传播？

第二次选择：

红方：简化字不利于中国文化的传播
　　李敏生、戴汝潜

蓝方：由繁入简是基本规律，无可厚非
　　刘昌海、周庆生

白方：中立
　　韩敬体、刘元满

刘昌海：文字都是在发展的，简化是规律。我们的简化字才用了几十年，不能现在就给它定型，也许以后还会用，也可能过段时间就废了。

闾丘露薇：繁体字和简体字在目前是并存的，会不会存在谁取代谁的问题？

周庆生：新中国成立的时候搞简化字，当时不考虑文化，主要是解决好学、好用、简便的问题。中国台湾现在是用繁体字，但是很多台湾人写台湾这两个字也是写的简体字，因为方便。我们用的简化字，99%都是历史上用过的，不是新创造的，真正新创造的简化字只占1%。

李敏生：汉字的发展存在着两种趋势，一个简化一个繁化。把简化说成是唯一的发展规律，这是不符合历史事实的。我们的汉字每一个都有丰富的内涵，比如"母亲"的"母"，原来应该是倒过来写的，这两个点就代表了乳房，概括了母亲的最本质的要素。新中国成立以后，有一个文字改革委员会，它的任务非常简单，就是研究怎么把汉字这个落后的文字变成先进的拉丁化的拼音文字。汉字简化是实现拼音化的一个重要环节，这是事实。

戴汝潜：脱离开汉字文化去谈汉字没有任何意义。为什么"脸面"的"面"跟"面粉"的"面"是同一个字，为什么"头发"的"发"跟"发展"的"发"也是同一个字？这就是没有文化内涵。

闾丘露薇：我觉得汉字就是语言工具，现在听你这么说我都不敢学了，太沉重了。

周庆生：汉字简化主要是为了方便好用，笔画是约定俗成的，宋朝以来就在使用，不是现在才发明的。老百姓用了好几百年，我们把它拿来，收到简化字里边去，说到底是个从俗的原则。

李敏生：那第二批简化汉字为什么取消了？

周庆生：那是有问题的。

　　李敏生：什么原因造成的呢？就是我们简化汉字的原则，根本不符合文字发展的客观规律。

　　周庆生：汉字的简化原则首先是从俗从众，同时兼顾文化。比如"尘土"的"尘"，原来是上边三个鹿，下面一个土，后来简化成上边一个鹿，下面一个土，收到简化汉字里以后，变成了上边一个小，下面一个土，小土为尘，这是文化内涵啊。所以汉字简化有多个原则，不能把文化内涵作为唯一基准。

　　红方观众C：我经历过第二次汉字简化，当初我都接受不了。那个字都不叫字了。繁体字确实能表现出更丰富的文化内涵，所以我强烈支持汉字应该往回跑一跑。

　　韩敬体：汉字是发展的，有些字现在我们清楚它的文化内涵，有些已经不清楚了。不是所有繁体字都能说出一堆文化内涵来。简体字主要是为了传播。

　　闾丘露薇：台湾、香港都是用的繁体字，也没有阻碍到传播啊。

　　李敏生：台湾、香港的很多朋友，包括大陆的比如胡秋原、袁晓园，都提出了解决这个问题的办法，就是"识繁写简"。繁体字一定要认识，因为我们古代的文献都是用繁体字写的，简体字要会写。

　　刘元满：我觉得汉字只是一个工具，对大多数不是研究文字的中国人来说，不用非上升到文化高度，工具而已，越简便越好。汉字都是有字理的，包括简化汉字，小土尘，它就符合字理了。所以我觉得只要它符合字理，大家都认可就行了。比如说"邓"字，外国留学生在学繁体字的时候，能查到繁体的邓，但是简体字就找不着了，这个字已经符号化了。

一句话总结：

刘元满：汉字书写是一种文化修养。

韩敬体：敬重汉字，让汉字更好地为我们服务。

周庆生：加强汉字书写教育，传承汉字文化传统。

刘昌海：实用与智慧的完美结合。

戴汝潜：汉字是传承文化的工具，不是一般的工具。脱离文化谈汉字是没有意义的。

本期编导：闫惠娟